EXPLORA la Biblia

Permite que la Palabra de Dios habite en ti.

Con *Explora la Biblia*, los grupos de estudio bíblico pueden tener la seguridad de que se involucrarán con la Palabra de Dios en su contexto correcto, y que estarán mejor preparados para vivirla auténticamente hoy en sus contextos. Estos estudios, libro por libro, ayudarán a los participantes a:

› crecer en su amor por la Escritura;

› adquirir nuevos conocimientos en cuanto a lo que enseña la Biblia;

› desarrollar disciplinas bíblicas;

› interiorizar la Palabra de Dios de una manera que transformará sus vidas.

Conéctate

@LifeWayEspanol

facebook.com/LifeWayEspanol

lifeway.com/explora

EXPLORA LA BIBLIA: Hechos, capítulos 1-12

ISBN 978-1-5359-9742-3
Ítem 005822762

Clasificación decimal Dewey:
Clasifíquese: IGLESIA / OBRA EVANGELÍSTICA / BIBLIA, HECHOS, NT, ESTUDIO

BRAD WAGGONER
Vicepresidente, LifeWay Resources

MICHAEL KELLEY
Director, Ministerio de grupos

VANCE H. PITMAN
Editor general

JEREMY MAXFIELD
Editor de contenido

BRIAN DANIEL
Director, Discipulado a corto plazo

CARLOS ASTORGA
Director editorial, LifeWay Español

Envíe sus preguntas y comentarios a: LifeWay Global, Editor Estudios Bíblicos ETB; One LifeWay Plaza; Nashville, TN 37234.

Impreso en Estados Unidos de América

Para hacer un pedido de copias adicionales de este recurso escriba a LifeWay Customer Service; One LifeWay Plaza; Nashville, TN 37234-0113; fax 615-251-5933; o llame gratuitamente al 1-800-257-7744. Puede hacer su pedido en línea en www.lifeway.com; email orderentry@lifeway.com; o visite una tienda LifeWay Christian.

Creemos que la Biblia tiene a Dios como su autor; la salvación como su finalidad; y la verdad, sin ninguna mezcla de error, como su tema. Para ver los principios doctrinales que sustentamos, visite: *www.lifeway.com/doctrinalguideline*.

Sesión 1, cita: Oswald J. Smith, *goodreads* [en línea, citado 5 noviembre 2015]. Disponible en la Internet: www.goodreads.com. Sesión 2, cita: Hudson Taylor, *goodreads* [en línea, citado 5 noviembre 2015]. Disponible en la Internet: www.goodreads.com. Sesión 3, cita: Vance H. Pitman, «Send Conference Live Blog: Sesión 3», *Send Network* [en línea], 4 agosto 2015 [citado 5 noviembre 2015]. Disponible en la Internet: http://sendnetwork.com. Sesión 4, cita: David Livingstone, *beliefnet* [en línea, citado 5 noviembre 2015]. Disponible en la Internet: www.beliefnet.com. Sesión 5, cita: Carl F. H. Henry, *goodreads* [en línea, citado 5 noviembre 2015]. Disponible en la Internet: www.goodreads.com. Sesión 6, citado: Nina Gunter, *goodreads* [en línea, citado 5 noviembre 2015]. Disponible en la Internet: www.goodreads.com.

SOBRE ESTE ESTUDIO

DIOS ESTÁ OBRANDO, Y TE INVITA Y EMPODERA PARA UNIRTE A SU GRAN MISIÓN.

La Biblia no es simplemente el relato de lo que ocurrió hace miles de años; es una invitación a participar en lo que Dios ha estado haciendo desde el comienzo de la historia. Como cristiano y miembro de la iglesia, juegas un papel fundamental en trasmitir a los demás las buenas nuevas de Jesús. El mismo Dios del que lees en la Biblia está contigo ahora mismo y está listo para obrar a través de ti en Su asombroso propósito.

El Libro de los Hechos brinda una narración emocionante de la labor y el testimonio constantes del Señor Jesús resucitado a través de Sus seguidores. Es el relato fundamental sobre las personas, los lugares y los sucesos vinculados al nacimiento y el desarrollo de la iglesia primitiva. Y más importante aún, exalta la poderosa obra del Espíritu Santo que impulsó la difusión del evangelio hasta los confines de la tierra.

Explora la Biblia: Hechos, capítulos 1-12 inspira a los lectores al mostrar que Dios obra reiteradamente a través de la gente común, empoderada por el Espíritu Santo, para cumplir Su misión eterna. Los creyentes del siglo XXI son ahora parte de esta asombrosa historia.

La serie *Explora la Biblia* te ayudará a conocer y aplicar la verdad alentadora y llena de poder de la Palabra de Dios. Cada sesión está organizada de la siguiente manera:

ENTIENDE EL CONTEXTO: Esta página explica el contexto original de cada pasaje, y comienza relacionando los temas primordiales a tu vida diaria hoy.

EXPLORA EL TEXTO: Esta sección te explica la Escritura, proporcionándote comentarios útiles y una interacción dinámica y reflexiva con Dios y Su Palabra.

OBEDECE EL TEXTO: Esta sección te ayuda a aplicar las verdades que has explorado. No es suficiente saber lo que dice la Biblia. La Palabra de Dios tiene el poder de cambiar nuestra vida.

MANUAL PARA EL LÍDER: La parte final proporciona material para iniciar la conversación y sugiere preguntas para ayudar a toda persona que dirija un grupo a presentar cada parte del estudio personal.

› COMPROMISO DEL GRUPO

Al comenzar este estudio, es importante que todos los miembros estén de acuerdo con los valores fundamentales del grupo. Al determinar con claridad el propósito del tiempo que pasarán juntos, se crearán expectativas beneficiosas y se esclarecerá toda duda. El propósito es asegurarse de que todos los participantes tengan una experiencia positiva que los lleve al crecimiento espiritual y a tener una convivencia verdadera. Marca cada uno de los valores que siguen, al dialogar con el grupo sobre ellos.

❑ PRIORIDAD
La vida es atareada, pero apreciamos este tiempo juntos estudiando la Palabra de Dios. Decidimos que estar juntos es una prioridad.

❑ PARTICIPACIÓN
Somos un grupo. Todos pueden participar. Nadie se apropiará de las reuniones.

❑ RESPETO
Todos tienen el derecho de opinar. Todas las preguntas son bienvenidas y respetadas.

❑ CONFIANZA
Cada persona buscará humildemente la verdad a través del tiempo en oración y el estudio de la Biblia. Confiaremos en Dios, quien nos ama, como la autoridad final en nuestras vidas.

❑ CONFIDENCIALIDAD
Nada de lo que se diga en nuestras reuniones será comentado fuera del grupo sin el permiso de todos. Esto es fundamental para crear un ambiente de confianza y franqueza.

❑ APOYO
Todos pueden contar con todos en este grupo. Se da permiso a llamar a cualquier miembro en cualquier momento, especialmente en momentos de crisis. El grupo proporcionará atención a cada uno de los miembros.

❑ RESPONSABILIDAD
Aceptamos dejar que los miembros de nuestro grupo nos pidan cuentas de los compromisos que hacemos, de la forma amorosa que decidamos. Toda pregunta es siempre bienvenida. No obstante, no se permiten consejos no solicitados.

________________________________ ____________
Estoy de acuerdo con todo lo anterior. Fecha

EDITOR GENERAL

Vance H. Pitman es pastor principal de la iglesia Hope Church en Las Vegas, Nevada. También trabaja con North American Mission Board [Junta de Misiones Norteamericanas] como movilizador nacional en el reclutamiento y la movilización de pastores para establecer más iglesias.

Puedes seguir a Vance en Twitter en *@vancepitman*.

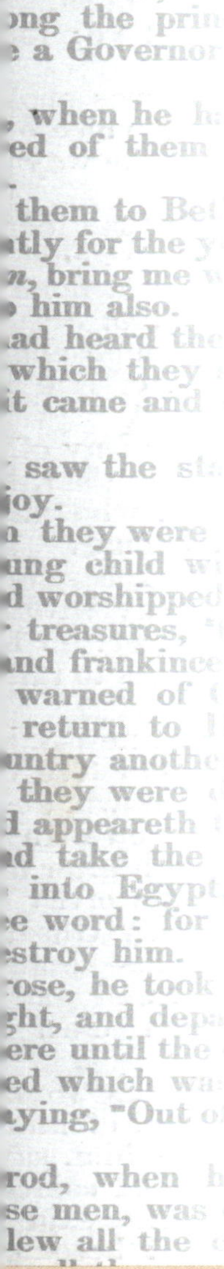

ÍNDICE

SESIÓN 1

JESÚS ASIGNA LA MISIÓN

Jesús asignó a Sus seguidores la tarea de contarles a todos sobre Él y Su mensaje.

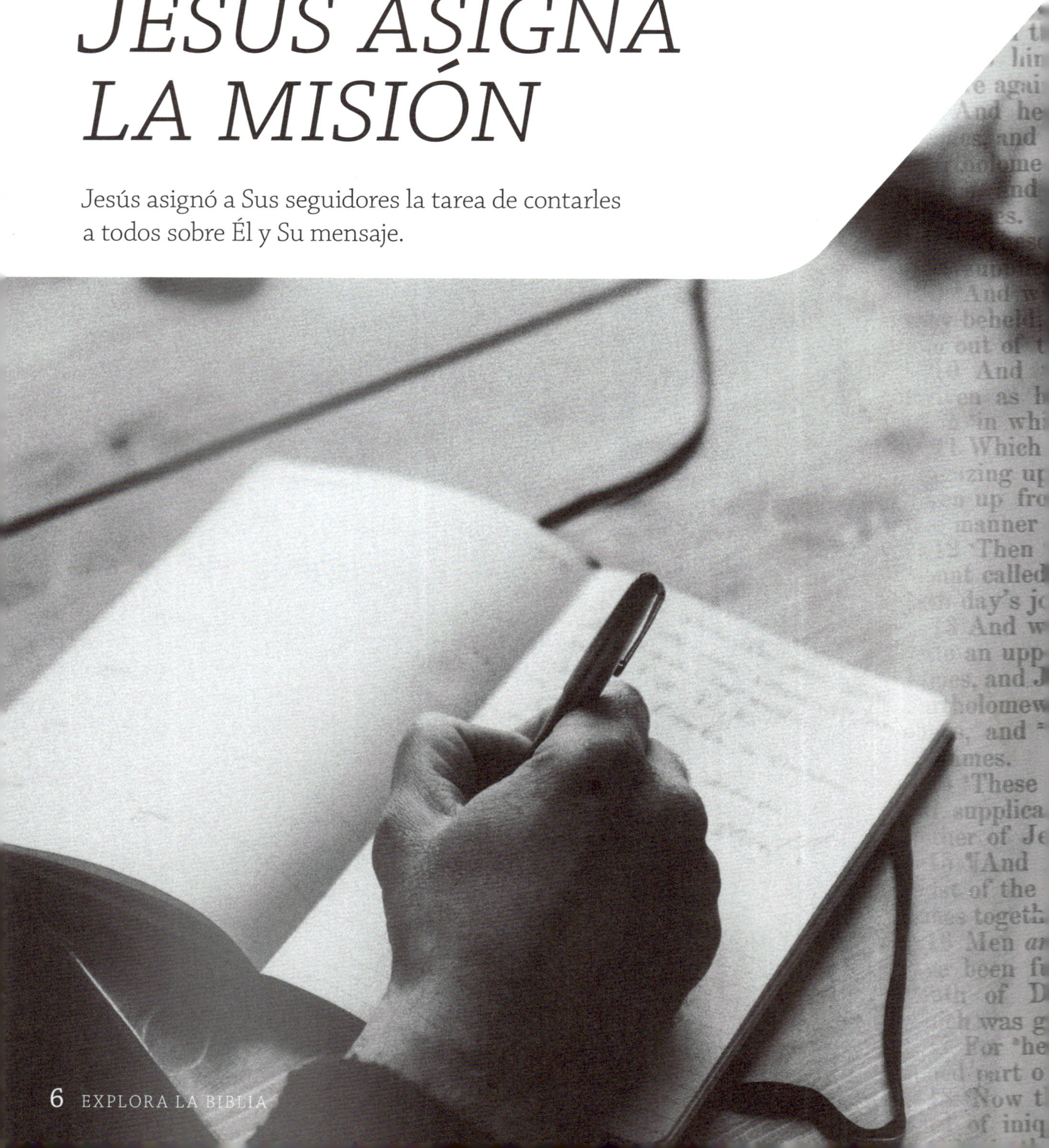

SOBRE EL LIBRO DE LOS HECHOS

Como lo prometió Jesús, el Espíritu Santo llenó a los creyentes con Su presencia y poder. Por esta razón muchos estudiosos de la Biblia se refieren a este amado libro como Los Hechos del Espíritu Santo. A través del poder del Espíritu, el mensaje del evangelio se proclamó en todas partes y transformó la vida de muchas personas. Esa realidad se mantiene para los creyentes en la actualidad.

AUTOR

El autor de Hechos no se identificó por su nombre. Sin embargo, algunas pistas dentro del libro y su clara conexión con el Evangelio de Lucas han llevado a la mayoría de los eruditos bíblicos evangélicos a concluir que Lucas, un médico y misionero compañero de Pablo (ver Col. 4:14), escribió tanto el tercer Evangelio como Hechos. Dirigió ambas obras a Teófilo (ver Luc. 1:3; Hech. 1:1), y en Hechos 1:1-2 se refirió al Evangelio como su «primer tratado [...] acerca de todas las cosas que Jesús comenzó a hacer y a enseñar, hasta el día en que fue recibido arriba». Por lo tanto, Lucas escribió Hechos como una continuación del tercer Evangelio. Y unió las dos obras al expresar, al final de su Evangelio y de nuevo al principio de Hechos, la promesa del Señor sobre el Espíritu Santo (ver Luc. 24:49; Hech. 1:1-8) y describir la ascensión de Jesús al cielo (ver Luc. 24:50-53; Hech. 1:9-11).

«HABLAMOS DE LA SEGUNDA VENIDA; LA MITAD DEL MUNDO NUNCA HA OÍDO HABLAR DE LA PRIMERA»

—Oswald J. Smith

FECHA

Los estudiosos de la Biblia tienen diferentes puntos de vista sobre la fecha en que Lucas escribió Hechos. Una opinión (la cual comparto) es que lo escribió a principios de los años 60. Este punto de vista tiene en cuenta que Lucas no menciona en Hechos la destrucción del templo de Jerusalén en el año 70 d.C. ni la persecución de los cristianos instigada por Nerón en el 64 d.C. Parece probable que Lucas hubiera mencionado estos sucesos si hubiera escrito después de que ocurrieron. Sin embargo, otros estudiosos sostienen que se escribió en algún momento alrededor de la destrucción del templo en el 70 d.C. o incluso tan tarde como a mediados de los años 80.

PROPÓSITO

Lucas declaró abiertamente su propósito al escribir Hechos. Quería ofrecer una narración precisa de los sucesos que rodearon la vida de Jesús en la Tierra y la influencia permanente de Su ministerio y mensaje. Junto a ese propósito había un esfuerzo por defender la fe frente a las afirmaciones de que el cristianismo era un movimiento político contra Roma y que los cristianos eran solo una secta del judaísmo.

HECHOS 1:1-11

1 En el primer tratado, oh Teófilo, hablé acerca de todas las cosas
que Jesús comenzó a hacer y a enseñar, **2** hasta el día en que
fue recibido arriba, después de haber dado mandamientos por
el Espíritu Santo a los apóstoles que había escogido; **3** a quienes
también, después de haber padecido, se presentó vivo con muchas
pruebas indubitables, apareciéndoseles durante cuarenta días y
hablándoles acerca del reino de Dios. **4** Y estando juntos, les mandó
que no se fueran de Jerusalén, sino que esperasen la promesa del
Padre, la cual, les dijo, oísteis de mí. **5** Porque Juan ciertamente
bautizó con agua, mas vosotros seréis bautizados con el Espíritu
Santo dentro de no muchos días. **6** Entonces los que se habían
reunido le preguntaron, diciendo: Señor, ¿restaurarás el reino
a Israel en este tiempo? **7** Y les dijo: No os toca a vosotros saber
los tiempos o las sazones, que el Padre puso en su sola potestad;
8 pero recibiréis poder, cuando haya venido sobre vosotros el
Espíritu Santo, y me seréis testigos en Jerusalén, en toda Judea,
en Samaria, y hasta lo último de la tierra. **9** Y habiendo dicho estas
cosas, viéndolo ellos, fue alzado, y le recibió una nube que le ocultó
de sus ojos. **10** Y estando ellos con los ojos puestos en el cielo, entre
tanto que él se iba, he aquí se pusieron junto a ellos dos varones
con vestiduras blancas, **11** los cuales también les dijeron: Varones
galileos, ¿por qué estáis mirando al cielo? Este mismo Jesús, que
ha sido tomado de vosotros al cielo, así vendrá como le habéis
visto ir al cielo.

Piensa en esto:

Observa las promesas de Jesús a los apóstoles en este pasaje. ¿Cómo se vinculan estas promesas entre sí?

Identifica las acciones que los apóstoles debían realizar. ¿Cómo se relacionan estas acciones con las promesas?

› ENTIENDE EL CONTEXTO

USA LAS SIGUIENTES PÁGINAS PARA PREPARARTE PARA TU REUNIÓN DE GRUPO.

El capítulo inicial de Hechos está lleno de expectativa. Promete una continuación dinámica de la historia del evangelio «acerca de todas las cosas que Jesús comenzó a hacer y a enseñar» (1:1). Lucas les aseguró a sus lectores que el Señor Jesús resucitado, luego de ascender al Padre, continuaría Su misión redentora en la tierra. Lo haría a través del Espíritu Santo que moraría en Sus seguidores, los guiaría y los empoderaría «en Jerusalén, en toda Judea, en Samaria, y hasta lo último de la tierra» (v. 8).

Lucas relató las últimas instrucciones del Señor resucitado a Sus apóstoles: permanecer en Jerusalén hasta que recibieran el Espíritu Santo (ver vv. 4-5). Su misión requeriría una activación sobrenatural; no se podría llevar a cabo a partir de la energía y el esfuerzo humanos. Los apóstoles se preguntaban si las instrucciones de Jesús indicaban la inminente restauración de Israel como reino político, pero Él aclaró la misión: debían ser Sus testigos en todo el mundo (vv. 6-8). Jesús ascendió entonces al cielo, y dos ángeles les aseguraron a los apóstoles que un día Él volvería de la misma manera en que los había dejado (ver vv. 9-11).

En el resto de Hechos 1, Lucas relató el proceso mediante el cual la comunidad de discípulos, que ahora contaba con unas 120 personas, restableció el número de apóstoles a 12, después de la muerte de Judas el traidor. El grupo prosperó en una atmósfera de unidad, por lo que Pedro los guio para que propusieran a posibles sustitutos dignos, oraran por la decisión y echaran suertes para elegir al nuevo miembro de los doce. Con plena confianza en la guía de Dios, el grupo seleccionó a Matías para que se uniera a los apóstoles (ver vv. 12-26).

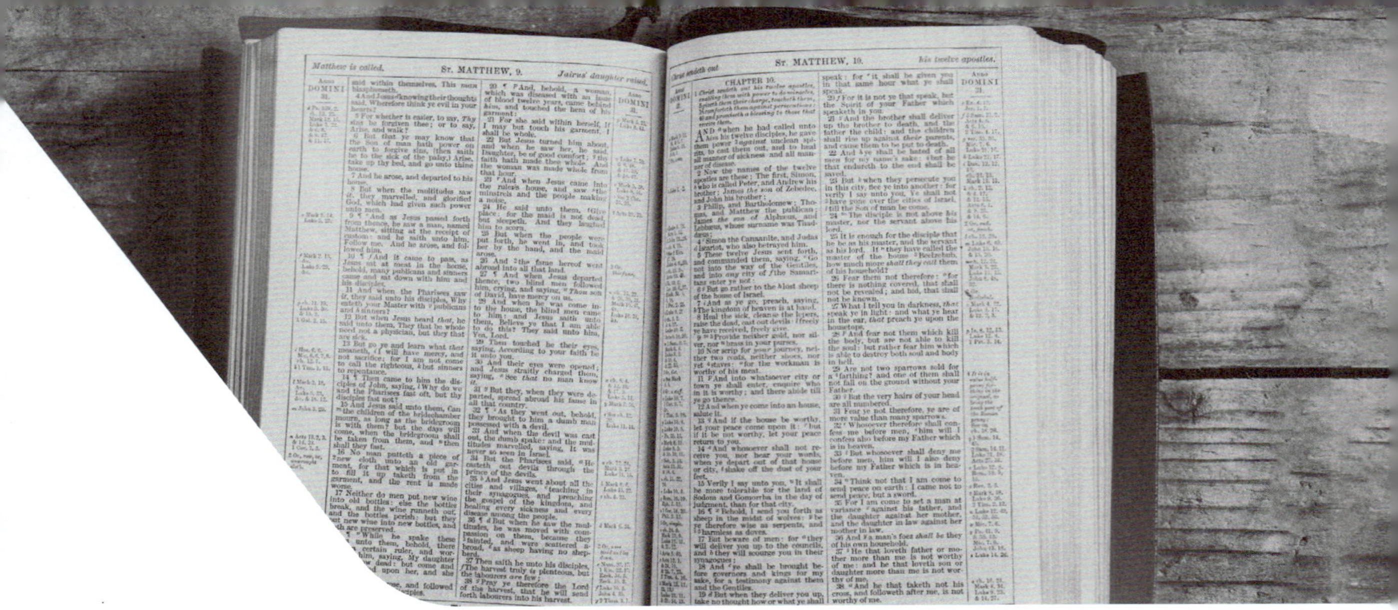

› EXPLORA EL TEXTO

LA PROMESA RECORDADA (Hechos 1:1-5)

[1]En el primer tratado, oh Teófilo, hablé acerca de todas las cosas que Jesús comenzó a hacer y a enseñar, [2]hasta el día en que fue recibido arriba, después de haber dado mandamientos por el Espíritu Santo a los apóstoles que había escogido; [3]a quienes también, después de haber padecido, se presentó vivo con muchas pruebas indubitables, apareciéndoseles durante cuarenta días y hablándoles acerca del reino de Dios. [4]Y estando juntos, les mandó que no se fueran de Jerusalén, sino que esperasen la promesa del Padre, la cual, les dijo, oísteis de mí. [5]Porque Juan ciertamente bautizó con agua, mas vosotros seréis bautizados con el Espíritu Santo dentro de no muchos días.

Lucas le recordó a Teófilo (ver pág. 7) que el primer tratado que escribió (el Evangelio de Lucas) se había centrado en la vida, las acciones y las enseñanzas de Jesús durante Su tiempo en la Tierra. Algunos estudiosos de la Biblia piensan que la frase «excelentísimo Teófilo» en Lucas 1:3 indica que este individuo era un importante funcionario romano (compara las frases descriptivas utilizadas en Hech. 23:26; 26:25).

Lucas relata que Jesús había dado órdenes a los apóstoles a través del Espíritu Santo. El término «apóstoles» se refiere literalmente a aquellos que han sido designados y enviados a una misión. El Comandante que daba las órdenes era Jesús. El Espíritu Santo era la presencia de Dios que guiaría a los apóstoles y los empoderaría para llevar a cabo la misión.

Lucas enfatizó dos verdades clave para reforzar la fe de sus lectores en Jesús. En primer lugar, después de que Jesús sufrió y murió en la cruz, también apareció vivo. La resurrección de Jesús fue real y verdadera, confirmada mediante muchas pruebas convincentes. La palabra griega que se traduce como «pruebas» se refiere a una certeza que puede ser confirmada por la evidencia. La resurrección de Jesús se confirmó cuando apareció ante varios individuos y grupos de personas en los 40 días posteriores a que Su tumba fuera encontrada vacía (ver 1 Cor. 15:4-8).

DOCTRINA CLAVE
Evangelismo y misiones

El Señor Jesucristo ha ordenado la predicación del evangelio a todas las naciones.

La segunda verdad que Lucas enfatizó es la importancia del reino de Dios. Dios hizo nacer la iglesia con el propósito de expandir Su reino. Los fieles judíos anhelaban que Dios le devolviera a Israel su antigua gloria nacional. Sin embargo, Jesús enseñó que había inaugurado el reino justo de Dios a través de Su ministerio y misión.

Jesús ordenó a los apóstoles que no salieran de Jerusalén hasta nuevo aviso. ¿Qué era tan importante respecto a su permanencia en Jerusalén? Esta ciudad era el epicentro de la adoración judía y de los sacrificios en el templo. Siglos antes el profeta Joel había predicho el derramamiento del Espíritu Santo en Jerusalén y un subsiguiente avivamiento espiritual (ver Joel 2:28-32). Además, Jerusalén fue el lugar de la muerte y la resurrección de Jesús. Por estas razones, Él instruyó a Sus apóstoles para que permanecieran en la ciudad hasta que pudieran anunciar con audacia el cumplimiento de la promesa del Padre.

¿Por qué es difícil esperar a que el Señor nos prepare para cumplir Sus propósitos? ¿Cuáles son las recompensas de la espera?

LA RESURRECCIÓN PROCLAMADA (Hech. 1:6-8)

6 Entonces los que se habían reunido le preguntaron, diciendo: Señor, ¿restaurarás el reino a Israel en este tiempo? 7 Y les dijo: No os toca a vosotros saber los tiempos o las sazones, que el Padre puso en su sola potestad; 8 pero recibiréis poder, cuando haya venido sobre vosotros el Espíritu Santo, y me seréis testigos en Jerusalén, en toda Judea, en Samaria, y hasta lo último de la tierra.

PREPARACIÓN BÍBLICA
Compara los pasajes con los conceptos relacionados.

Lee Mateo 28:18-20; Marcos 16:15-16; Lucas 24:46-49; y Juan 20:21. Compara esos pasajes con lo que Lucas relata en Hechos 1:6-8. Toma nota de los temas, las enseñanzas y las orientaciones similares. ¿Cómo se complementan estos pasajes?

Cuando el Señor resucitado les habló a Sus apóstoles sobre el reino de Dios, ellos, con razón, sintieron curiosidad (y quizás confusión) respecto a su significado. Jesús tuvo que aclararles que el reino de Dios se centraba en Él, no en una entidad nacional. El reino de Dios es el reino de Su gracia y poder en la vida de aquellos que creen en Jesús. Declaró que era inútil, y una distracción de la verdadera misión, que los apóstoles pensaran demasiado en tiempos y períodos que ellos no podían controlar. El Señor nos comisionó a vivir fielmente cada día, a proclamar con pasión el evangelio y a hacer discípulos, no a especular sobre el calendario de Dios para el tiempo del fin.

La misión de dar testimonio de la resurrección era una tarea tan enorme que los apóstoles necesitaban una capacidad sobrenatural. El poder que Jesús prometió a Sus apóstoles era inseparable de la misión asignada. Los testigos son individuos que se ven obligados a decir a otras personas algo que saben que es verdad. Como los apóstoles sabían que Jesús había vencido el pecado y la muerte a través de Su muerte y resurrección, estaban obligados a contar esta buena nueva. El contenido del testimonio de los apóstoles se centraba en la muerte y la resurrección de Jesús. La cruz mostraba la victoria de Jesús sobre el pecado. La resurrección indicaba Su victoria sobre la muerte y la tumba, así como Su validación como Hijo de Dios. Al igual que los apóstoles y la iglesia primitiva, los creyentes de hoy en día tienen la comisión de dar testimonio sobre un suceso histórico que transformó el mundo.

¿Qué es lo que impide a los creyentes cumplir con su misión de testificar sobre la presencia de Jesús en sus vidas? ¿Qué papel juega el Espíritu Santo en ayudar a los creyentes a compartir el evangelio?

LA DESCRIPCIÓN DEL REGRESO (Hech 1:9-11)

**9 Y habiendo dicho estas cosas, viéndolo ellos, fue alzado, y le
recibió una nube que le ocultó de sus ojos. 10 Y estando ellos con
los ojos puestos en el cielo, entre tanto que él se iba, he aquí se
pusieron junto a ellos dos varones con vestiduras blancas, 11 los
cuales también les dijeron: Varones galileos, ¿por qué estáis
mirando al cielo? Este mismo Jesús, que ha sido tomado de
vosotros al cielo, así vendrá como le habéis visto ir al cielo.**

La ascensión de Jesús demostró el placer del Padre al recibir de regreso al Hijo en la gloria del cielo (ver Juan 17:4-5). Supuso un puente entre la obra expiatoria de Cristo en la cruz y Su ministerio celestial como Sumo Sacerdote (ver Heb. 8:1). Además, la ascensión permitió que el poder y la presencia de Jesús permanecieran en Sus seguidores a través del Espíritu Santo. Fue por el bien de Sus seguidores que Él regresó al cielo y el Espíritu descendió sobre ellos (ver Juan 16:7). Finalmente, la ascensión subrayó el hecho de que Jesús les había dado a Sus apóstoles (y a la iglesia) una misión como Sus embajadores.

Mientras Jesús ascendía al cielo, los apóstoles miraban hacia arriba tan atentamente que no notaron la aparición de dos hombres vestidos de blanco. El contexto hace pensar que estos dos hombres eran ángeles enviados por Dios para confirmarles a los apóstoles el futuro regreso de Jesús. La pregunta de los dos ángeles contenía una leve reprimenda. En lugar de permanecer en ese lugar y mirar al cielo, los apóstoles debían obedecer la orden de Jesús de quedarse en Jerusalén y prepararse para participar en los asuntos de Su misión. Como motivación, los apóstoles debían tener en cuenta que un día su Maestro vendría de la misma manera que lo habían visto ascender al cielo. Es decir, Él regresará en persona, de una forma corpórea, visible e igualmente victorioso.

¿Cómo pueden los creyentes quedarse contemplando cuando lo que deben hacer es obedecer al Señor? ¿Qué papel juega el dar testimonio en la preparación para el regreso de Jesús?

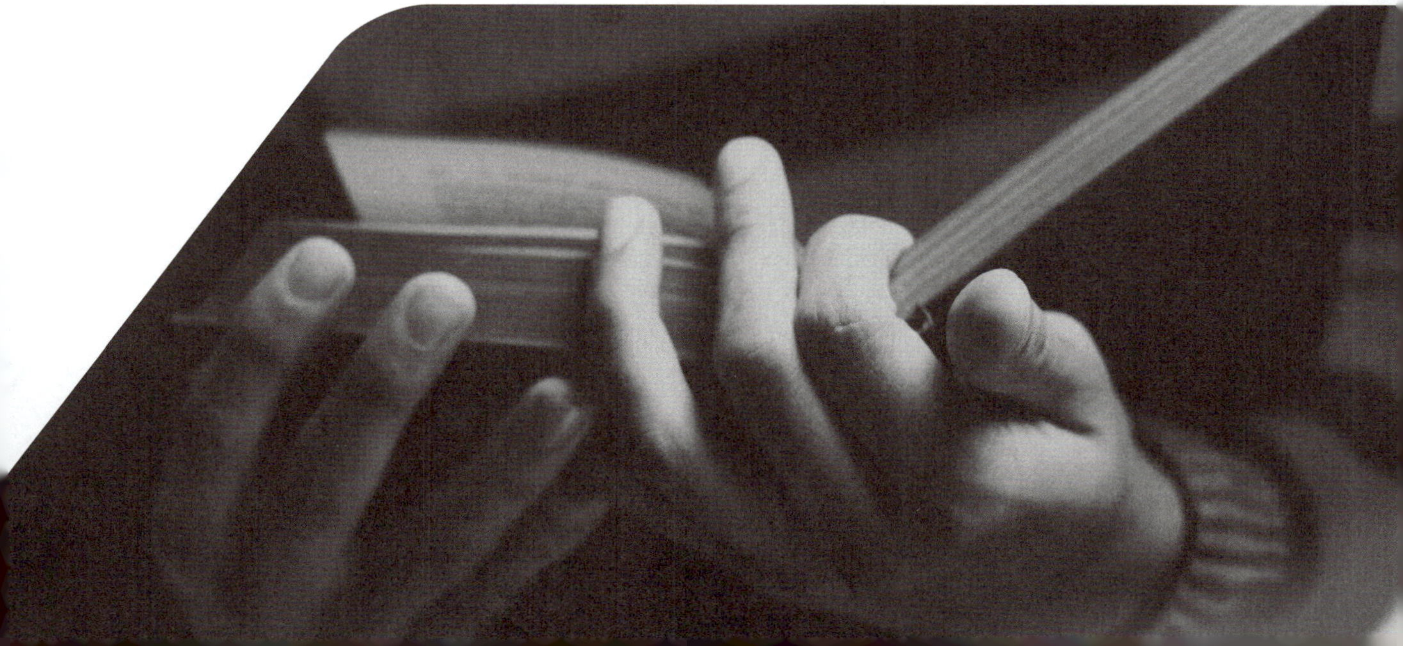

OBEDECE EL TEXTO

Los creyentes siguen a Cristo y guían a otros hacia Él mediante el poder del Espíritu Santo; deben compartir el evangelio con los demás en obediencia y amor; deben vivir a la luz del señorío de Jesús y en espera de Su regreso.

¿Qué está haciendo tu grupo para guiar a los demás hacia Jesús? ¿Qué papel juegas en ayudar al grupo a guiar a los demás hacia Jesús? Analiza las formas en que tu grupo puede ser más intencional en la difusión del evangelio hasta los confines de la tierra.

¿Qué factores te hacen dudar a la hora de cumplir la misión de ser testigo de Jesús? ¿Qué puedes hacer para superar tus dudas y obedecer el mandato del Señor de dar testimonio?

Anota los nombres o las iniciales de personas con las que podrías compartir el evangelio. Pídele a Dios que te ayude a encontrar una forma de hablar con cada persona de la lista. Comienza a actuar según lo que Él te revela.

MEMORIZA

«Pero recibiréis poder, cuando haya venido sobre vosotros el Espíritu Santo, y me seréis testigos en Jerusalén, en toda Judea, en Samaria, y hasta lo último de la tierra» Hechos 1:8.

UTILIZA EL ESPACIO QUE SIGUE PARA ESCRIBIR TUS OBSERVACIONES Y ANOTAR LAS PETICIONES DE ORACIÓN DURANTE LAS REUNIONES DE GRUPO DE ESTA SESIÓN.

MIS REFLEXIONES

Escribe tus ideas y tus preguntas de la reunión de grupo.

MI RESPUESTA

Indica de qué maneras específicas pondrás en práctica la verdad explorada esta semana.

MIS ORACIONES

Haz una lista de las necesidades específicas de oración y de las respuestas a estas para recordarlas esta semana.

NACE LA IGLESIA

El impacto del evangelio se aprecia en el poder y la unidad que hay entre los seguidores de Jesús.

› ENTIENDE EL CONTEXTO

USA LAS SIGUIENTES PÁGINAS PARA PREPARARTE PARA TU REUNIÓN DE GRUPO.

Pentecostés, también conocido como la Fiesta de las Semanas, era una de las tres fiestas judías principales que se celebraban anualmente. Tenía lugar 50 días después de la fiesta de la Pascua y era una celebración alegre que señalaba el fin de la cosecha de granos. Por lo tanto, atraía a judíos y a prosélitos de todo el Imperio romano, que hacían una peregrinación hasta Jerusalén para participar de las festividades. Sin embargo, nadie podía imaginar el poder sobrenatural que se desataría durante el primer Pentecostés posterior a la crucifixión y la resurrección de Jesús.

La llegada del Espíritu Santo señaló el comienzo formal de la iglesia. El Espíritu encendió la vida de las personas con un poder tal que fueron capaces de declarar el mensaje del evangelio y ser entendidas en al menos quince idiomas diferentes (ver Hech. 2:1-13).

Hechos 2:14-40 recoge el sermón que Pedro pronunció ante la multitud en Jerusalén. Aquí explica que lo sucedido era nada menos que el cumplimiento divino de las profecías del Antiguo Testamento sobre el comienzo de la nueva era mesiánica. Pedro citó el Libro de Joel y dos salmos mesiánicos (Sal. 16; 110), y luego concluyó con una apasionada declaración de que Jesús, el mismo a quien los judíos habían crucificado recientemente, era el Señor y el Mesías.

Pedro estaba lleno del Espíritu, pero también estaba lleno de la Palabra de Dios. Así que aquellos que escucharon su mensaje se vieron obligados a llegar a un veredicto sobre Jesús en sus corazones. En consecuencia, Pedro instó a sus oyentes a arrepentirse de sus pecados y a ser bautizados como testimonio de su entrega a Cristo.

La respuesta al mensaje de Pedro fue asombrosa, ya que unas 3000 personas se convirtieron en creyentes. Esta pujante comunidad de seguidores de Cristo se dedicó activamente a escuchar las enseñanzas de los apóstoles, a hablar y a animarse mutuamente, a comer y a orar juntos. Demostraron el amor de Cristo entre sí, y actuaron con gentileza hacia los demás en Jerusalén. Por otra parte, su ejemplo continúa brillando a través de los siglos y exhorta a las iglesias de hoy para que asuman la misión de Jesús.

«LA OBRA DE DIOS HECHA A LA MANERA DE DIOS NUNCA CARECERÁ DE LA PROVISIÓN DE DIOS».

—Hudson Taylor

› HECHOS 2:1-4,41-47

Piensa en esto:

Identifica palabras o frases que describan las cosas hechas por la iglesia primitiva. ¿De qué manera se realizan estas acciones en tu iglesia?

¿Qué palabras o frases expresan las actitudes de los miembros de la iglesia primitiva? ¿Cómo se vinculan estas actitudes con las acciones que identificaste?

1 Cuando llegó el día de Pentecostés, estaban todos unánimes
juntos. **2** Y de repente vino del cielo un estruendo como de un
viento recio que soplaba, el cual llenó toda la casa donde estaban
sentados; **3** y se les aparecieron lenguas repartidas, como de fuego,
asentándose sobre cada uno de ellos. **4** Y fueron todos llenos del
Espíritu Santo, y comenzaron a hablar en otras lenguas, según el
Espíritu les daba que hablasen.

41 Así que, los que recibieron su palabra fueron bautizados; y se
añadieron aquel día como tres mil personas. **42** Y perseveraban
en la doctrina de los apóstoles, en la comunión unos con otros, en
el partimiento del pan y en las oraciones. **43** Y sobrevino temor
a toda persona; y muchas maravillas y señales eran hechas por
los apóstoles. **44** Todos los que habían creído estaban juntos, y
tenían en común todas las cosas; **45** y vendían sus propiedades y
sus bienes, y lo repartían a todos según la necesidad de cada uno.
46 Y perseverando unánimes cada día en el templo, y partiendo el
pan en las casas, comían juntos con alegría y sencillez de corazón,
47 alabando a Dios, y teniendo favor con todo el pueblo. Y el Señor
añadía cada día a la iglesia los que habían de ser salvos.

› EXPLORA EL TEXTO

EL ESPÍRITU DADO (Hech. 2:1-4)

1Cuando llegó el día de Pentecostés, estaban todos unánimes juntos. 2Y de repente vino del cielo un estruendo como de un viento recio que soplaba, el cual llenó toda la casa donde estaban sentados; 3y se les aparecieron lenguas repartidas, como de fuego, asentándose sobre cada uno de ellos. 4Y fueron todos llenos del Espíritu Santo, y comenzaron a hablar en otras lenguas, según el Espíritu les daba que hablasen.

La palabra Pentecostés viene de un término griego que significa «cincuenta». Originalmente, Pentecostés se conocía como la Fiesta de las Semanas porque se celebraba siete semanas y un día después de la Pascua (ver Lev. 23:15-16). Era una de las tres fiestas anuales de peregrinación en las que se esperaba que todos los varones judíos viajaran a Jerusalén y presentaran una ofrenda de primicias al Señor (ver Deut. 16:16). La unidad de los creyentes se hacía visible en su singluar enfoque en Jesús. Él acaparaba su atención. Dominaba sus pensamientos. Cuando nosotros, como creyentes, enraizamos nuestra pasión en Jesús con una obediencia uniforme, el resultado de nuestro testimonio puede ser fenomenal.

¿Por qué la unidad de propósito y enfoque es vital para la iglesia? ¿Cuál es la conexión entre estar centrado en Jesús y la unidad en la iglesia?

Un sonido similar al rugido de un poderoso viento interrumpió la reunión de oración de los creyentes (ver Hech. 1:14). En el Antiguo Testamento el viento a menudo simbolizaba la presencia de Dios (ver Sal. 104:3; Ezeq. 37:9-10). También representaba el poder de Dios para derribar y edificar. Además del repentino y poderoso estruendo, lenguas como llamas de fuego se asentaron sobre los creyentes en una representación visual del Espíritu Santo. Las lenguas representaban el habla humana y la comunicación del evangelio. El fuego indicaba la presencia purificadora de Dios. El fuego asociado a la presencia de Dios estaba reservado en el Antiguo Testamento para ocasiones únicas, pero la imagen del fuego que se asentó sobre los creyentes el día de Pentecostés señalaba la presencia permanente del Espíritu Santo. Juan el Bautista testificó que Cristo bautizaría a los creyentes con el Espíritu Santo y con fuego (ver Luc. 3:16). Pentecostés fue el cumplimiento público de esa profecía.

Aquí se pueden observar dos importantes verdades. Primero, el poder del Espíritu Santo permitió a los creyentes actuar con valentía y hablar con audacia. Segundo, como lo confirma el contexto de este pasaje, sus palabras, en los múltiples idiomas y dialectos de los oyentes, eran claras y comprensibles.

¿Qué evidencias muestran que el Espíritu Santo habita en un creyente?

PERSEVERABAN (Hech. 2:41-42)

41 Así que, los que recibieron su palabra fueron bautizados; y se añadieron aquel día como tres mil personas. 42 Y perseveraban en la doctrina de los apóstoles, en la comunión unos con otros, en el partimiento del pan y en las oraciones.

La imagen que Lucas mostró sobre el comienzo de la iglesia es perfectamente convincente. La palabra griega traducida como «recibieron» (ver v. 41) conlleva la idea de una alegre recepción. Los nuevos creyentes abrazaron con deleite la verdad sobre Jesús y luego mostraron su obediencia públicamente a través del bautismo. El cambio interior y el rito exterior ponen de relieve el orden y la secuencia adecuados: primero la fe (conversión), luego la obediencia (bautismo). En otras palabras, estos nuevos creyentes no fueron salvos por ser bautizados. En lugar de eso, fueron salvos cuando se arrepintieron y creyeron en Jesús. Su bautismo fue un acto de obediencia como creyentes y un testimonio de lo que había ocurrido en sus corazones.

La primera actividad en la que perseveraron los creyentes implicaba el crecimiento espiritual a través de la enseñanza de los apóstoles. Los creyentes se sometieron a la instrucción divina dada por ellos. Esta instrucción era la verdad transformadora de la vida que Jesús les había enseñado a los apóstoles. La segunda actividad en la que perseveraron los creyentes fue la comunión. Como una familia de fe, los primeros creyentes celebraron la salvación que compartían a través de Jesús. Tenían una conexión dinámica entre ellos porque estaban unidos por una fe común en el Salvador. En tercer lugar, los creyentes participaron juntos en el partimiento del pan. Esto podría referirse a comer juntos en las casas de los creyentes o a participar de la Cena del Señor en la adoración. En cualquier caso, la práctica mejoraba la vida que los creyentes compartían en Cristo. Cuarto, los primeros creyentes perseveraron en la oración. Los judíos estaban acostumbrados a tener momentos de oración cada día. Los creyentes judíos continuaron esta disciplina como seguidores de Cristo, pero la oración adquirió un significado más profundo porque ahora podían orar sobre cualquier cosa en el nombre de Jesús (ver Juan 14:13-14).

¿De qué manera la participación en estas actividades fomenta la unidad en una iglesia? ¿Se puede unificar una iglesia sin centrarse en estos aspectos? Explica esto.

DOCTRINA CLAVE
La Iglesia

Una iglesia del Nuevo Testamento del Señor Jesucristo es una congregación local autónoma de creyentes bautizados, asociados por el pacto en la fe y la comunión del evangelio; que observa las dos ordenanzas de Cristo; que es gobernada por Sus leyes; que pone en práctica los dones, derechos y privilegios conferidos a ellos por Su Palabra; y que procura extender el evangelio hasta los confines de la tierra.

JUNTOS (Hech. 2:43-47a)

43Y sobrevino temor a toda persona; y muchas maravillas y señales eran hechas por los apóstoles. 44Todos los que habían creído estaban juntos, y tenían en común todas las cosas; 45y vendían sus propiedades y sus bienes, y lo repartían a todos según la necesidad de cada uno. 46Y perseverando unánimes cada día en el templo, y partiendo el pan en las casas, comían juntos con alegría y sencillez de corazón, 47alabando a Dios, y teniendo favor con todo el pueblo.

El propósito de la actividad milagrosa era llamar la atención sobre el mensaje del evangelio y validar a sus mensajeros. La Biblia nos enseña en muchas partes a temer a Dios porque al hacerlo se humilla nuestro ego y se exaltan Sus atributos. El temor al Señor es una actitud del corazón en respuesta a Su asombroso poder.

PREPARACIÓN BÍBLICA
Analiza el idioma original de un texto.

Realiza un estudio conceptual del término griego koinonia (que se traduce como «comunión» en Hechos 2:42) al considerar otras apariciones del término en el Nuevo Testamento. (Las palabras en español pueden diferir en las traducciones).

Busca y lee los siguientes versículos: 1 Corintios 1:9; 10:16; 2 Corintios 6:14; 9:13 (contribución); Gálatas 2:9 (compañerismo); Filipenses 1:5; 2:1; 3:10 (participación); Hebreos 13:16 (ayuda mutua); 1 Juan 1:3,6-7. ¿Cómo te ayuda cada versículo a comprender mejor la naturaleza de una relación de koinonía entre los creyentes?

La Escritura nos exhorta a adorar juntos, a animarnos unos a otros y a amar y honrar a los demás. Estas actividades bíblicas se cumplen en una pasión compartida por Cristo y en un vínculo mutuo con los demás. Los creyentes que vivían en Jerusalén demostraron un profundo compromiso con Jesús que se tradujo en un abundante apoyo mutuo de unos a otros. A medida que surgían las necesidades, vendían sus posesiones y propiedades para ayudar a otros creyentes. No se esperaba que al convertirse los nuevos creyentes debieran renunciar inmediatamente a todas sus posesiones. El énfasis de la iglesia primitiva estaba en el ministerio compasivo, no en el ascetismo ni en el socialismo político. Cuando los cristianos conocían que alguien tenía una gran necesidad, la gracia de Cristo los llevaba a vender artículos para ayudar a aliviarla.

En esta etapa inicial, los seguidores de Cristo continuaron adorando dentro de la estructura de su herencia judía. En ese entorno, tenían oportunidades para interactuar con otros judíos y dar testimonio sobre Jesús. El término griego que se traduce como «juntos» (ver v. 44) se refiere a algo más que a la proximidad de las personas entre sí; indica que las personas estaban unidas en espíritu y propósito. Los creyentes estaban unidos en su fe en Jesús y en su misión de trasmitir a otros el evangelio.

La vida en común de los primeros cristianos también incluía visitas a las casas de los demás para compartir comidas. Esos encuentros se caracterizaban por una atmósfera de «alegría y sencillez de corazón» (v. 46). La vida de los creyentes no era fácil, sin problemas, pero el Espíritu los llenaba de gozo y esperanza. Hoy, como creyentes, a veces pensamos que la reverencia solemne es más importante para el Señor que la alegría manifiesta. Ciertamente hay un momento y un lugar para ambas, pero la Escritura nos enseña que el gozo es también una expresión de adoración sincera como lo es la solemnidad y la templanza. Cuando reflexionamos sobre el perdón de nuestros pecados a través de Cristo y la esperanza eterna que tenemos por Su resurrección de la muerte, hay razones más que suficientes para llenarnos de alegría y generosidad.

La gratitud y la buena voluntad se manifestaban en abundancia. Los creyentes alababan a Dios con enérgica gratitud y se ganaron el respeto de los demás por su alegre y humilde compañerismo. Una iglesia vibrante brilla en dos direcciones: 1) hacia arriba en adoración a Dios por el don de Su Hijo y 2) hacia afuera en gracia hacia los demás. Ambas direcciones son vitales.

¿Qué indica sobre lo que una iglesia cree respecto a Dios la demostración constante de una adoración sincera a Él y de gracia hacia los demás?

CRECER (Hech. 2:47b)

47Y el Señor añadía cada día a la iglesia los que habían de ser salvos.

La iglesia primitiva de Jerusalén era una comunidad saludable que daba testimonio. Los creyentes testificaban sobre Jesús. Se relacionaban y se vinculaban con otros ciudadanos de la localidad. El Espíritu Santo usó su testimonio para atraer a la fe a los incrédulos, el Señor añadió a la iglesia «los que habían de ser salvos». En otras palabras, la iglesia primitiva experimentó un crecimiento tanto cualitativo como cuantitativo. Los creyentes crecieron en su fe, y más personas creyeron en Jesús como el Mesías. Los que se sumaban a la iglesia eran aquellos que el Señor había salvado por gracia a través de la fe en Jesús. Los nuevos creyentes no se salvaban al unirse a la iglesia. La iglesia es la comunidad de aquellos que han sido salvos por la fe en Jesucristo (ver Hech. 4:10-12).

¿Qué enseña Hechos 2:1-4,41-47 sobre la relación entre el crecimiento de la iglesia y la salud de la misma? ¿Cómo se refuerzan mutuamente ambos aspectos?

OBEDECE EL TEXTO

Todo creyente debe dar testimonio. Los creyentes son facultados por el Espíritu Santo para cumplir la misión dada por Dios. Para estar espiritualmente sanos, los creyentes necesitan estar vinculados con otros creyentes. En las iglesias, pueden vivir juntos, satisfacer mutuamente sus necesidades y adorar juntos. Al manifestarse Dios a través de los creyentes, los incrédulos pueden sentir curiosidad sobre Él y Su poder. Cuando surgen situaciones en las que los incrédulos hacen preguntas, los creyentes pueden aprovechar la oportunidad para compartir a Jesús.

Si una docena de personas fueran seleccionadas al azar para observarte todos los días durante una semana, ¿cómo podrían evaluar tu devoción a Jesús? Según el pasaje bíblico de esta sesión, ¿qué crees que necesitas mejorar en tu devoción a Jesús?

¿Qué haces para ayudar a fortalecer la unidad en tu iglesia y en tu grupo de estudio bíblico? Identifica algunas estrategias que puedas aplicar para profundizar y mejorar tus relaciones con los demás en tu congregación y en tu grupo.

Reflexiona sobre las maneras en que vivir junto a otros creyentes te ayuda a compartir el evangelio. ¿Qué puedes hacer para motivar a otros creyentes a compartir el evangelio?

MEMORIZA

«Y perseverando unánimes cada día en el templo, y partiendo el pan en las casas, comían juntos con alegría y sencillez de corazón» (Hech. 2:46).

UTILIZA EL ESPACIO QUE SIGUE PARA ESCRIBIR TUS OBSERVACIONES Y ANOTAR LAS PETICIONES DE ORACIÓN DURANTE LAS REUNIONES DE GRUPO DE ESTA SESIÓN.

MIS REFLEXIONES

Escribe tus ideas y tus preguntas de la reunión de grupo.

MI RESPUESTA

Indica de qué maneras específicas pondrás en práctica la verdad explorada esta semana.

MIS ORACIONES

Haz una lista de las necesidades específicas de oración y de las respuestas a estas para recordarlas esta semana.

SESIÓN 3

FIDELIDAD EN LA PERSECUCIÓN

El Espíritu Santo da a los creyentes el valor para proclamar la verdad.

› ENTIENDE EL CONTEXTO

USA LAS SIGUIENTES PÁGINAS PARA PREPARARTE PARA TU REUNIÓN DE GRUPO.

Pedro y Juan demostraron su valor espiritual al curar, en el nombre de Jesús, a un hombre cojo de nacimiento en una de las puertas del templo (ver Hech. 3:1-10). La sanidad despertó mucho asombro entre la gente. Pedro aprovechó la oportunidad para explicar que la fuente del poder observado en el milagro era el Cristo resucitado. Además, Pedro exhortó a la multitud a arrepentirse de sus pecados y a poner su fe en Jesús (ver vv. 11-26).

La audacia de Pedro y Juan al proclamar públicamente el evangelio los hizo entrar en conflicto directo con las autoridades del templo. Ambos fueron arrestados y llevados ante el Sanedrín para ser interrogados (ver 4:1-12). El concilio advirtió a Pedro y Juan que no continuaran predicando en nombre de Jesús. Sin embargo, Pedro contestó valientemente que su testimonio sobre Jesús era una cuestión de obediencia a Dios. «Entonces viendo el denuedo de Pedro y de Juan, y sabiendo que eran hombres sin letras y del vulgo, se maravillaban; y les reconocían que habían estado con Jesús» (v. 13). Incapaces de encontrar una forma de castigar a los dos apóstoles, el concilio los liberó con más amenazas (ver vv. 14-22).

«QUIERO DEDICAR MI VIDA A ALGO QUE VIVA MÁS TIEMPO QUE YO».

—Vance H. Pitman

Los líderes del templo decidieron que era necesario tomar nuevas medidas contra los seguidores de Cristo. Por lo tanto, hicieron encarcelar a los apóstoles a la espera de una audiencia ante el Sanedrín. Cuando el Sanedrín se reunió y ordenó que se trajera a los apóstoles, se supo con sorpresa que los apóstoles no solo no estaban en sus celdas, sino que se encontraban en los patios del templo enseñando a la gente.

La guardia entonces tomó a los apóstoles y los escoltó hasta el concilio, en el que el sumo sacerdote les recordó la exigencia de que cesaran sus actividades evangelísticas. Pedro habló en nombre de los apóstoles una vez más y explicó con audacia que eran testigos de lo que Dios había hecho en Cristo. No tenían otra opción; estaban obligados a obedecer a Dios y a decirle al pueblo la verdad sobre Jesús y el evangelio (ver 5:17-32). Llenos de ira, algunos miembros del concilio quisieron matar a los apóstoles, pero un fariseo llamado Gamaliel los persuadió de lo contrario. Aconsejó al concilio que adoptara una posición cautelosa. Como resultado, los apóstoles fueron azotados, amenazados y luego liberados (ver vv. 33-42).

› HECHOS 5:21,25-35,38-42

Piensa en esto:

Toma nota de las palabras o las frases que revelan las actitudes y los motivos de los líderes religiosos.

Luego identifica las palabras o las frases que revelen las actitudes y los motivos de los apóstoles.

¿En qué se parecen y se diferencian las listas?

21 Habiendo oído esto, entraron de mañana en el templo, y
enseñaban. Entre tanto, vinieron el sumo sacerdote y los que
estaban con él, y convocaron al concilio y a todos los ancianos de
los hijos de Israel, y enviaron a la cárcel para que fuesen traídos.

25 Pero viniendo uno, les dio esta noticia: He aquí, los varones que
pusisteis en la cárcel están en el templo, y enseñan al pueblo. **26**
Entonces fue el jefe de la guardia con los alguaciles, y los trajo sin
violencia, porque temían ser apedreados por el pueblo. **27** Cuando
los trajeron, los presentaron en el concilio, y el sumo sacerdote les
preguntó, **28** diciendo: ¿No os mandamos estrictamente que no
enseñaseis en ese nombre? Y ahora habéis llenado a Jerusalén
de vuestra doctrina, y queréis echar sobre nosotros la sangre de
ese hombre. **29** Respondiendo Pedro y los apóstoles, dijeron: Es
necesario obedecer a Dios antes que a los hombres. **30** El Dios
de nuestros padres levantó a Jesús, a quien vosotros matasteis
colgándole en un madero. **31** A éste, Dios ha exaltado con su diestra
por Príncipe y Salvador, para dar a Israel arrepentimiento y perdón
de pecados. **32** Y nosotros somos testigos suyos de estas cosas, y
también el Espíritu Santo, el cual ha dado Dios a los que le obedecen.
33 Ellos, oyendo esto, se enfurecían y querían matarlos. **34** Entonces
levantándose en el concilio un fariseo llamado Gamaliel, doctor de
la ley, venerado de todo el pueblo, mandó que sacasen fuera por un
momento a los apóstoles, **35** y luego dijo: Varones israelitas, mirad
por vosotros lo que vais a hacer respecto a estos hombres.

38 Y ahora os digo: Apartaos de estos hombres, y dejadlos; porque
si este consejo o esta obra es de los hombres, se desvanecerá; **39**
mas si es de Dios, no la podréis destruir; no seáis tal vez hallados
luchando contra Dios. **40** Y convinieron con él; y llamando a los
apóstoles, después de azotarlos, les intimaron que no hablasen en
el nombre de Jesús, y los pusieron en libertad. **41** Y ellos salieron
de la presencia del concilio, gozosos de haber sido tenidos por
dignos de padecer afrenta por causa del Nombre. **42** Y todos los
días, en el templo y por las casas, no cesaban de enseñar y predicar
a Jesucristo.

EXPLORA EL TEXTO

DE REGRESO EN LA ESCENA (Hech. 5:25-28)

25 Pero viniendo uno, les dio esta noticia: He aquí, los varones que pusisteis en la cárcel están en el templo, y enseñan al pueblo. 26 Entonces fue el jefe de la guardia con los alguaciles, y los trajo sin violencia, porque temían ser apedreados por el pueblo. 27 Cuando los trajeron, los presentaron en el concilio, y el sumo sacerdote les preguntó, 28 diciendo: ¿No os mandamos estrictamente que no enseñaseis en ese nombre? Y ahora habéis llenado a Jerusalén de vuestra doctrina, y queréis echar sobre nosotros la sangre de ese hombre.

Después de ser encarcelados a la espera de la orden de comparecencia ante el concilio y luego de haber sido liberados milagrosamente por un ángel, los apóstoles volvieron a enseñar en los patios del templo (ver vv. 17-21a). El concilio se reunió para la audiencia, pero los apóstoles no estaban en la cárcel (ver vv. 21b-24). Una persona no identificada informó al Sanedrín que estaban en ese momento en el complejo del templo y enseñaban a la gente. La guardia del templo detuvo una vez más a los apóstoles, pero esta vez sin usar la fuerza. El pueblo simpatizaba con ellos. Una táctica de mano dura podía enfurecer a la multitud.

A puertas cerradas, el sumo sacerdote manifestó su animosidad hacia los apóstoles. Les recordó la prohibición del concilio de enseñar sobre Jesús. Asombrosamente, el sumo sacerdote no preguntó cómo los apóstoles habían escapado de la cárcel.

El concilio tenía un profundo temor de que su posición y su control sobre el pueblo se estuvieran resquebrajando. Se ofendieron mucho por la insistencia de los apóstoles de que los líderes religiosos tenían sangre de Jesús en sus manos. Sin embargo, los apóstoles no hablaban ni actuaban con venganza. Solo daban testimonio de la verdad. Los líderes judíos tuvieron la misma oportunidad que los demás de escuchar, arrepentirse y confiar en el plan redentor de Dios a través de Jesús el Mesías.

¿Qué hizo que los líderes religiosos trataran de silenciar a los apóstoles? ¿Cómo se manifiesta ese motivo en el mundo de hoy?

MANTENERSE FIRME (Hech. 5:29-32)

**[29]Respondiendo Pedro y los apóstoles, dijeron: Es necesario
obedecer a Dios antes que a los hombres. [30]El Dios de nuestros
padres levantó a Jesús, a quien vosotros matasteis colgándole
en un madero. [31]A éste, Dios ha exaltado con su diestra por
Príncipe y Salvador, para dar a Israel arrepentimiento y perdón
de pecados. [32]Y nosotros somos testigos suyos de estas cosas,
y también el Espíritu Santo, el cual ha dado Dios a los que le
obedecen.**

Una vez más, Pedro fue el portavoz de los apóstoles. Explicó que, como testigos de la verdad, los apóstoles no tenían otra opción que obedecer a Dios en lugar de a los hombres. Su argumento fue que, para los seguidores de Cristo, los mandatos de Dios tienen prioridad sobre todo lo demás.

Dios resucitó a Jesús, a quien los líderes judíos habían rechazado y crucificado. Con la expresión «colgándole en un madero» (v. 30), Pedro quería expresar que los líderes judíos consideraban la crucifixión de Jesús como una señal de la maldición de Dios sobre Él (ver Deut. 21:22-23). Al resucitar a Jesús, Dios reivindicó a Su Hijo y al evangelio.

Pedro declaró que Dios exaltó a Jesús a Su diestra como Príncipe y Salvador porque había derrotado al pecado y a la muerte, y había abierto el camino para nuestra salvación. Esa salvación se recibe a través del arrepentimiento y el perdón de los pecados.

Pedro volvió a subrayar que los apóstoles habían sido testigos de la vida sin pecado de Jesús, de Su muerte expiatoria y de Su resurrección victoriosa. Además, el Espíritu Santo fue un testigo divino de estos sucesos, y el Espíritu ahora moraba y daba poder a los seguidores de Cristo en su misión de predicar y enseñar el evangelio. Por lo tanto, los apóstoles no podían obedecer, y no obedecerían, al Sanedrín.

¿Cómo resumirías la defensa que hizo Pedro? ¿Crees que las palabras de Pedro fueron más convincentes o más condenatorias? Explica esto.

DOCTRINA CLAVE
Seguridad en Jesús

Los verdaderos creyentes resisten hasta el final. Aquellos a quienes Dios ha aceptado en Cristo nunca perderán el estado de gracia, sino que perseverarán hasta el final.

A LA ESPERA DURANTE LAS DELIBERACIONES (Hech. 5:33-35,38-40a)

33Ellos, oyendo esto, se enfurecían y querían matarlos. 34Entonces levantándose en el concilio un fariseo llamado Gamaliel, doctor de la ley, venerado de todo el pueblo, mandó que sacasen fuera por un momento a los apóstoles, 35y luego dijo: Varones israelitas, mirad por vosotros lo que vais a hacer respecto a estos hombres.

La predicación de Pedro era tan filosa que podía atravesar el alma como una cuchilla (ver Hech. 2:37; 4:1-2). Podía generar arrepentimiento o rabia, según la actitud del oyente. La mayoría de los miembros del concilio reaccionaron con rabia al testimonio de Pedro. Habían usado su influencia con las autoridades romanas para deshacerse de Jesús (así lo creían); y podían hacer lo mismo con Sus seguidores.

Uno de los miembros más influyentes y populares del concilio, un fariseo llamado Gamaliel, expresó un enfoque diferente. Le preocupaba que el concilio dictara más sentencias de muerte contra los apóstoles. En ese momento ellos gozaban de una gran aceptación entre el pueblo. Para proponer una alternativa, Gamaliel ordenó que

PREPARACIÓN BÍBLICA
Memoriza un versículo y considera sus implicaciones prácticas.

Memoriza Hechos 4:12 en tu traducción preferida. Parafrasea el versículo con tus propias palabras. Anota tres razones por las que Jesús es el único camino de salvación. Anota dos creencias culturales comunes que el versículo desafía. ¿Cómo influye en tu visión de las misiones la creencia de que solo Cristo puede salvar?

sacaran a los apóstoles de la sala de reunión.

Gamaliel instó a los iracundos miembros del concilio a tener cuidado. Las sentencias de muerte podían provocar un levantamiento popular contra el concilio. Además, el concilio podría estar en oposición a Dios.

38Y ahora os digo: Apartaos de estos hombres, y dejadlos; porque si este consejo o esta obra es de los hombres, se desvanecerá;
39mas si es de Dios, no la podréis destruir; no seáis tal vez hallados luchando contra Dios. 40Y convinieron con él.

Gamaliel conocía dos movimientos revolucionarios recientes y fallidos (ver vv. 36-37). Le sugirió al concilio que los seguidores de Jesús tendrían un fin similar si su movimiento era meramente de origen humano.

Gamaliel también aconsejó al concilio que considerara la posición en la que se encontrarían si lo que estaba ocurriendo tenía su origen en la voluntad de Dios. Los argumentos de Gamaliel convencieron al concilio de que era conveniente perdonarles la vida a los apóstoles.

¿Qué sabiduría encuentras en la propuesta de Gamaliel al concilio? ¿Cómo podrían sus palabras ayudar a los creyentes de hoy?

GOZOSOS POR LA OPORTUNIDAD (Hech. 5:40b-42)

40bY llamando a los apóstoles, después de azotarlos, les intimaron que no hablasen en el nombre de Jesús, y los pusieron en libertad.
41Y ellos salieron de la presencia del concilio, gozosos de haber sido tenidos por dignos de padecer afrenta por causa del Nombre.
42Y todos los días, en el templo y por las casas, no cesaban de enseñar y predicar a Jesucristo.

La ley del Antiguo Testamento permitía varias formas de castigo, que incluían la práctica de administrar palizas en público (ver Deut. 25:1-3). Luego de que Gamaliel los convenciera de no aplicar la pena de muerte, el concilio impuso dos formas de castigo a los apóstoles. Primero los azotaron. Tal flagelación tenía como objetivo humillar, herir y dejar cicatrices en las víctimas. En segundo lugar, se les ordenó no hablar en nombre de Jesús.

El castigo del concilio no tuvo el efecto deseado. Los apóstoles enfrentaron los azotes sin acobardarse ni llorar, al contrario, se regocijaron por haber sido considerados dignos de sufrir una vergüenza y una paliza en nombre de Jesús. Vieron su maltrato como una confirmación de su devoción. No se avergonzaron de ser fieles a Jesús.

Tampoco los apóstoles obedecieron la orden de dejar de enseñar sobre Jesús. En todo caso, aumentaron su actividad evangélica. Enseñaron diariamente, tanto en el área del templo como en las casas de la gente. No dejaron de proclamar la buena nueva de que Jesús es el Mesías. Obedecieron fiel y valientemente el mandato expreso del Señor de ir y decirles a todos que se arrepintieran y creyeran.

¿Cómo puede la oposición al evangelio producir valor en los creyentes? ¿Cómo puede esa oposición brindar una plataforma para compartir el evangelio?

OBEDECE EL TEXTO

Los creyentes deben permanecer fieles a Jesús cuando se enfrentan a desafíos personales. La verdad del evangelio es confiable y se puede compartir sin temor. Los creyentes pueden regocijarse cuando son perseguidos, al darse cuenta de que el evangelio es proclamado en el proceso.

Considera los momentos de tu vida en los que alguien desafió tu fe. ¿Cómo respondiste? ¿Qué puedes aprender del ejemplo de los apóstoles para responder cuando te enfrentes a una oposición en el futuro?

Reflexiona sobre las formas en que has notado que el evangelio es digno de confianza. ¿De qué manera estas formas te dan seguridad para compartir el evangelio? Identifica a una persona con la que puedas compartir esta semana sobre la confiabilidad del evangelio.

Comparte con otros en tu grupo de estudio de la Biblia sobre situaciones en las que has enfrentado oposición a tu creencia en Jesús. Anota las ideas obtenidas de las historias de los demás. Dedica un momento para agradecerle a Dios por la oportunidad de dar a conocer el evangelio mientras te enfrentas a la oposición.

MEMORIZA

«Respondiendo Pedro y los apóstoles, dijeron: Es necesario obedecer a Dios antes que a los hombres» (Hech. 5:29).

UTILIZA EL ESPACIO QUE SIGUE PARA ESCRIBIR TUS OBSERVACIONES Y ANOTAR LAS PETICIONES DE ORACIÓN DURANTE LAS REUNIONES DE GRUPO DE ESTA SESIÓN.

MIS REFLEXIONES

Escribe tus ideas y tus preguntas de la reunión de grupo.

MI RESPUESTA

Indica de qué maneras específicas pondrás en práctica la verdad explorada esta semana.

MIS ORACIONES

Haz una lista de las necesidades específicas de oración y de las respuestas a estas para recordarlas esta semana.

SESIÓN 4

OBEDIENCIA AL ESPÍRITU

Las oportunidades para compartir el mensaje del evangelio surgen de la obediencia.

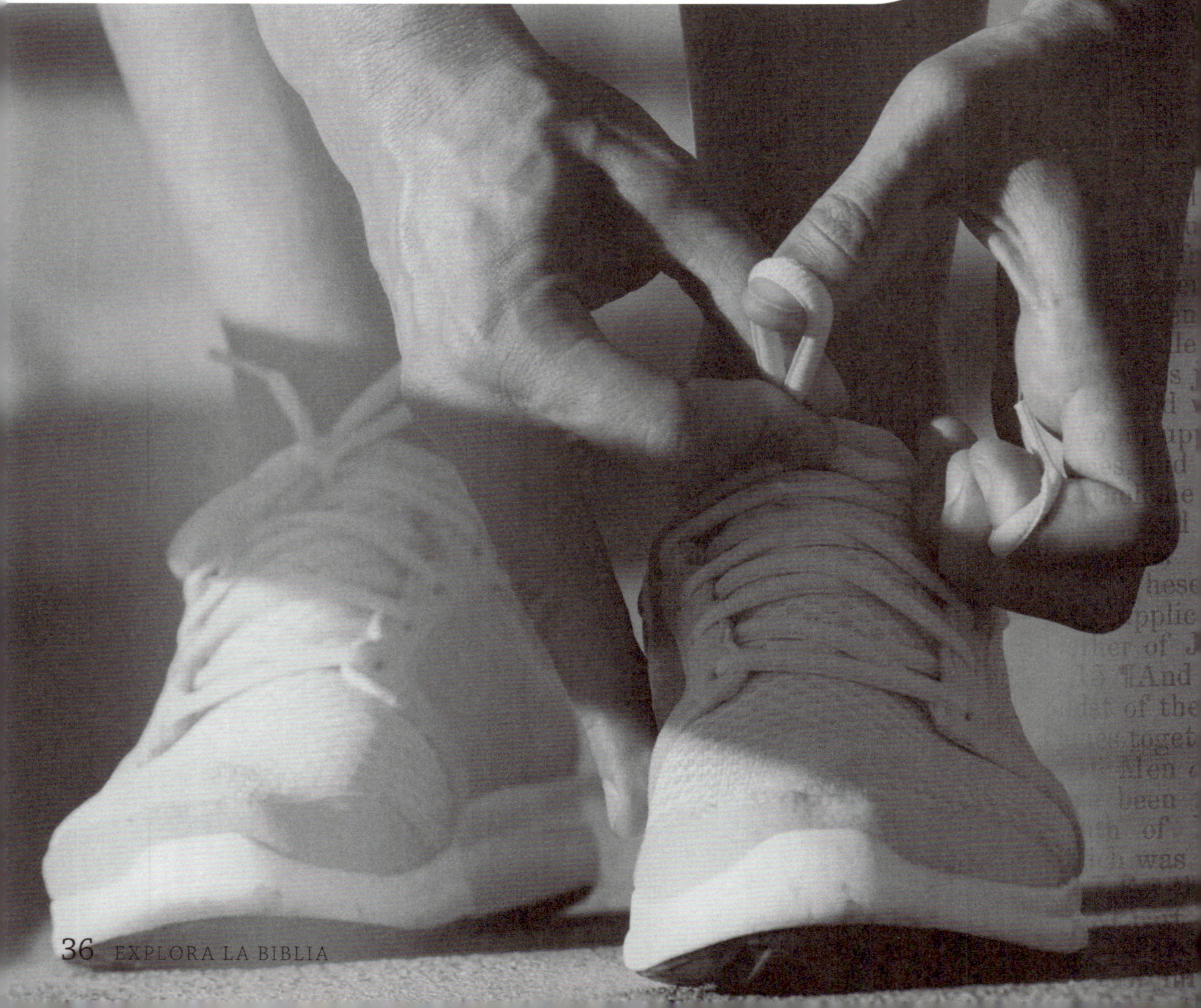

ENTIENDE EL CONTEXTO

USA LAS SIGUIENTES PÁGINAS PARA PREPARARTE PARA TU REUNIÓN DE GRUPO.

El martirio de Esteban desencadenó una persecución implacable contra los cristianos en Jerusalén; dirigida por Saulo de Tarso, un fariseo agitador (ver Hech. 8:1-3). Muchos creyentes se vieron obligados a huir de la ciudad y buscar refugio en otros lugares. No obstante, por dondequiera que se dispersaron, llevaron con ellos el mensaje del evangelio (ver v. 4).

Felipe, quien como Esteban había estado entre los siete hombres apartados para ministrar a las viudas de la iglesia (ver 6:5), fue a la región de Samaria. Allí comenzó a proclamar a Jesús como el Mesías. La predicación de Felipe estuvo acompañada de señales poderosas, incluida la expulsión de espíritus malignos de algunas personas y la sanidad física de otras. Una sensación de gozo se extendió por toda el área (ver 8:5-8).

Entre los conversos samaritanos había un famoso ex hechicero llamado Simón. Él profesó creer en Jesús y fue bautizado, pero las obras milagrosas que Felipe realizaba le tenían sumamente asombrado (ver vv. 9-13). Cuando Pedro y Juan fueron de Jerusalén a Samaria e impusieron las manos sobre los nuevos conversos para que recibieran el Espíritu Santo, Simón quiso comprar ese poder a los dos apóstoles. Pedro reprendió a Simón y lo instó a arrepentirse de hacer una petición tan pecaminosa (ver vv. 14-25).

Felipe siguió las instrucciones del Señor de abandonar Samaria y dirigirse a un camino que se extendía entre Jerusalén y Gaza. Allí se encontró con un etíope, un importante funcionario de la corte real, que leía un rollo de Isaías mientras viajaba en su carruaje. Felipe lo saludó y pronto tuvo la oportunidad de explicarle cómo Jesús cumplió la profecía que él estaba leyendo. El etíope declaró su fe en Jesús, y Felipe lo bautizó. Luego, el hombre siguió su camino, pero ahora como un nuevo creyente, mientras que Felipe se fue a otras ciudades costeras, y predicaba el evangelio donde quiera que iba (ver vv. 26-40).

«LA COMPASIÓN NO SUSTITUYE A LA ACCIÓN».

—David Livingstone

Piensa en esto:

Identifica frases en este pasaje que muestren la profundidad del caminar diario de Felipe con el Señor.

¿Cómo influyó el caminar de Felipe con el Señor en sus acciones?

› HECHOS 8:26-31,35,38-39

26 Un ángel del Señor habló a Felipe, diciendo: Levántate y ve
hacia el sur, por el camino que desciende de Jerusalén a Gaza, el
cual es desierto. **27** Entonces él se levantó y fue. Y sucedió que
un etíope, eunuco, funcionario de Candace reina de los etíopes,
el cual estaba sobre todos sus tesoros, y había venido a Jerusalén
para adorar, **28** volvía sentado en su carro, y leyendo al profeta
Isaías. **29** Y el Espíritu dijo a Felipe: Acércate y júntate a ese carro.
30 Acudiendo Felipe, le oyó que leía al profeta Isaías, y dijo: Pero
¿entiendes lo que lees? **31** Él dijo: ¿Y cómo podré, si alguno no me
enseñare? Y rogó a Felipe que subiese y se sentara con él.

35 Entonces Felipe, abriendo su boca, y comenzando desde esta
escritura, le anunció el evangelio de Jesús.

38 Y mandó parar el carro; y descendieron ambos al agua, Felipe
y el eunuco, y le bautizó. **39** Cuando subieron del agua, el Espíritu
del Señor arrebató a Felipe; y el eunuco no le vio más, y siguió
gozoso su camino.

EXPLORA EL TEXTO

IMPULSADO A BUSCAR (Hech. 8:26-29)

**26 Un ángel del Señor habló a Felipe, diciendo: Levántate y ve hacia el sur, por el
camino que desciende de Jerusalén a Gaza, el cual es desierto. 27 Entonces él se
levantó y fue. Y sucedió que un etíope, eunuco, funcionario de Candace reina de
los etíopes, el cual estaba sobre todos sus tesoros, y había venido a Jerusalén
para adorar, 28 volvía sentado en su carro, y leyendo al profeta Isaías. 29 Y el
Espíritu dijo a Felipe: Acércate y júntate a ese carro**

Cual un viento de tormenta que eleva las semillas y luego las deja caer por todas partes en un terreno nuevo, la persecución contra la iglesia en Jerusalén esparció a miles de testigos del evangelio por nuevas áreas. Dondequiera que estos creyentes iban, hablaban de las buenas nuevas de Jesucristo, las cuales se arraigaron en numerosos corazones. Un ejemplo de este fenómeno lo brinda Lucas en el relato de Felipe en Samaria (ver vv. 5-8). El evangelio también progresó de otras maneras, incluso mediante lo que podría llamarse citas divinas entre un creyente atento y obediente y una persona con sed espiritual. Lucas dio un ejemplo de este tipo de progreso del evangelio en el relato de Felipe y el eunuco etíope (ver vv. 26-39).

Lucas comienza el relato informando que un ángel del Señor le habló a Felipe. Un ángel es un mensajero de Dios, por lo que las instrucciones para Felipe subrayan la guía y el momento perfectos de Dios, la urgencia del evangelismo y la expectativa de obediencia que tiene Dios.

Además, el ángel le dio a Felipe detalles claros en cuanto al rumbo a seguir: debía dirigirse hacia el sur y tomar un camino que iba de Jerusalén a la ciudad de Gaza, cerca de la costa mediterránea. Sin embargo, en este momento el ángel no reveló el propósito del viaje de Felipe. Así que estos detalles no solo revelan la exactitud de la guía de Dios sino también la necesidad de que el creyente confíe y obedezca al Señor paso a paso.

Observa la profunda simplicidad de la respuesta de Felipe. Él obedeció en fe y obedeció de inmediato. Como creyentes en la actualidad, podemos aprender mucho de la obediencia de Felipe. Dios puede impulsarnos a que vayamos a lugares imprevistos o que nos preparemos de maneras inesperadas para satisfacer una necesidad estratégica. Viajando por el camino, en un carruaje tirado por caballos, iba un hombre etíope. En tiempos bíblicos, el nombre de Etiopía se relacionaba con la tierra de Cus, en el valle superior del río Nilo, en lugar de la nación actual que lleva ese nombre, ubicada en el extremo suroeste del mar Rojo.

Lucas brindó información adicional sobre este etíope. En primer lugar, era un eunuco. En las sociedades antiguas del Cercano Oriente, este término a menudo se refería al hombre encargado del harén de un rey. Por medio de la castración, al eunuco lo hacían sexualmente impotente. Con el tiempo, el término también se usó para los hombres (generalmente funcionarios reales) que servían a la reina o a otras mujeres miembros de la corte real, y que hacían un voto de abstinencia sexual como parte de su servicio.

En segundo lugar, el hombre era un alto funcionario de Candace, la reina de Etiopía. De hecho, era el director de asuntos económicos de la reina. Como tal, él jugaba un papel clave en el bienestar financiero de toda la nación. En tercer lugar, el hombre había estado en Jerusalén para adorar en el templo. Este hecho sugiere que era (o esperaba ser) un prosélito del judaísmo. La ley de Moisés prohibía a los eunucos entrar en la asamblea del Señor (ver Deut. 23:1); no obstante, el profeta Isaías previó un día en que los eunucos que obedecían la Palabra de Dios serían bienvenidos a la presencia de Dios (ver Isa. 56:3-5). Quizás el etíope encontró esperanza al leer estas palabras de Isaías.

La frase «sentado en su carro» (Hech. 8:28) sugiere que este era grande y tenía un conductor. Sin embargo, más significativo es el hecho de que mientras viajaba, el hombre leía en voz alta al profeta Isaías. Esto indica que era culto; que tenía suficiente dinero como para poseer una copia manuscrita de un pergamino bíblico, y que estaba tan preocupado por su condición espiritual que viajó cientos de kilómetros en carruaje para ir y regresar desde Jerusalén a fin de encontrar respuestas. Una persona verdaderamente sedienta de Dios hará todo lo necesario para satisfacer esa necesidad. Una vez más, Felipe recibió dirección divina. Resulta curioso que esta vez la guía no vino a través de un ángel sino directamente del Espíritu.

¿Qué medios usa el Señor hoy para dirigir a los creyentes a llevar a cabo la misión del evangelio? ¿Cómo influyen la fe y la obediencia en esos medios?

DOCTRINA CLAVE
El bautismo

El bautismo es un acto de obediencia que simboliza la fe del creyente en el Salvador crucificado, sepultado y resucitado; la muerte del creyente al pecado; el entierro de la vida pasada; y la resurrección para caminar en vida nueva en Cristo Jesús.

PREPARADO PARA COMPARTIR (Hech. 8:30-31,35)

30 Acudiendo Felipe, le oyó que leía al profeta Isaías, y dijo: Pero ¿entiendes lo que lees? 31 Él dijo: ¿Y cómo podré, si alguno no me enseñare? Y rogó a Felipe que subiese y se sentara con él. 35 Entonces Felipe, abriendo su boca, y comenzando desde esta escritura, le anunció el evangelio de Jesús.

Felipe siguió la guía del Espíritu Santo y corrió hacia el carruaje. ¿Crees que mientras corría, Felipe pensó en posibles obstáculos que pudieran estorbar su testimonio?

Muchos creyentes en la actualidad luchan con pensamientos similares y, a veces, permiten que el temor a la incompetencia haga menguar su pasión por testificar. El ejemplo de Felipe nos anima como creyentes a confiar y obedecer al Espíritu Santo, pues Él está obrando en aquellos que necesitan escuchar el evangelio, así como en las situaciones de testimonio a las que nos ha guiado, y en nuestros propios corazones temerosos.

Felipe dio inició al encuentro observando y escuchando. Se dio cuenta de que el hombre estaba leyendo un pasaje en voz alta y escuchó lo suficiente como para reconocer que el texto era de Isaías 53. Prestar suma atención a los intereses de otra persona a menudo puede abrir una puerta de oportunidad para hablar sobre asuntos espirituales. El respeto y la flexibilidad son cualidades clave en el evangelismo efectivo. Observa también que Felipe hizo una

PREPARACIÓN BÍBLICA
Utiliza varios pasajes de la Escritura para comprender una doctrina fundamental.

Lee Lucas 23:43 y Efesios 2:8-9. ¿Cómo demuestra la promesa de Jesús de salvar al ladrón arrepentido la enseñanza de Pablo de que la salvación viene solo por la fe? Ahora lee Efesios 2:10. ¿De qué manera pueden los creyentes considerar el bautismo en agua como una buena obra y, por lo tanto, que no es un requisito para la salvación?

pregunta respetuosa pero inquisitiva. Una buena pregunta puede derribar barreras y abrir el flujo de comunicación sobre el evangelio.

¿Qué interrogantes podrías usar hoy para iniciar una conversación sobre asuntos espirituales con un amigo no salvo? ¿Qué tal con una persona que acabas de conocer?

La doctrina de la claridad de la Escritura enseña que el lector común puede entender la Biblia. Esta no está escrita en un código secreto que solo unos pocos pueden descifrar. Sin embargo, tampoco las interpretaciones individuales de cada persona sobre este texto tienen que ser necesariamente verdaderas y correctas. Por lo tanto, el funcionario etíope invitó a Felipe a subir y sentarse con él en el carruaje. El funcionario, experto en temas financieros, agradeció humildemente la oportunidad de aprender de Felipe el significado de un pasaje clave de la Biblia.

Hechos 8:32-33 revela que el funcionario etíope estaba leyendo Isaías 53:7-8, que habla del sufrimiento y la muerte no merecidas del Mesías. El obstáculo para el etíope era la identificación del Mesías Sufriente (ver Hech. 8:34).

Felipe utilizó esta apertura para contarle al hombre las buenas noticias sobre Jesús. (El cumplimiento de la profecía del Antiguo Testamento en la persona de Jesús es uno de los temas principales de Lucas en el Libro de los Hechos). Un estilo de vida cristiano coherente y una forma respetuosa de testificar dicen mucho sobre el Señor Jesús. Sin embargo, en algún momento es necesaria una presentación verbal del evangelio para que los no creyentes puedan escuchar y responder a Jesús en fe (ver Rom. 10:14-17).

¿Cómo utilizó Felipe la Escritura para señalar a Jesús? ¿Por qué era importante para Felipe establecer esta conexión?

ENFOCADO EN LA SALVACIÓN (Hech. 8:38-39)

38 Y mandó parar el carro; y descendieron ambos al agua,
Felipe y el eunuco, y le bautizó. 39 Cuando subieron del agua, el

Espíritu del Señor arrebató a Felipe; y el eunuco no le vio más, y siguió gozoso su camino.

Es posible que, durante su visita a Jerusalén, el funcionario haya visto a conversos bautizarse como seguidores de Cristo. En algún momento de su regreso a casa, el etíope creyó en Jesús. Luego quiso saber de parte de Felipe si algo lo inhabilitaba (como le sucedía en el judaísmo) para ser bautizado como creyente (ver v. 36).

Debido a su profesión de fe en Jesús, nada inhabilitaba al eunuco etíope para ser bautizado (ver v. 37). Por consiguiente, cuando encontraron agua, el funcionario ordenó que el carruaje se detuviera, los dos hombres descendieron al agua y Felipe lo bautizó. En el Nuevo Testamento, la importancia del bautismo nunca está aislada del método: la inmersión en agua. El bautismo significa la identificación del creyente con Cristo en Su muerte, sepultura y resurrección. El bautismo no salva a nadie; solo Jesús salva.

¿Cómo usarías este pasaje para explicar el bautismo a alguien? ¿Qué otra información necesitarías para ofrecer a la persona un cuadro más completo?

Después del bautismo del etíope, el Espíritu Santo se llevó a Felipe a otro lugar de servicio. No está claro si fue una partida milagrosa o simplemente la forma en que Lucas describió la separación de los dos hombres. En cualquier caso, el etíope siguió su camino regocijándose. El gozo es una característica relacionada con la fe en Jesús; es una señal de vida nueva.

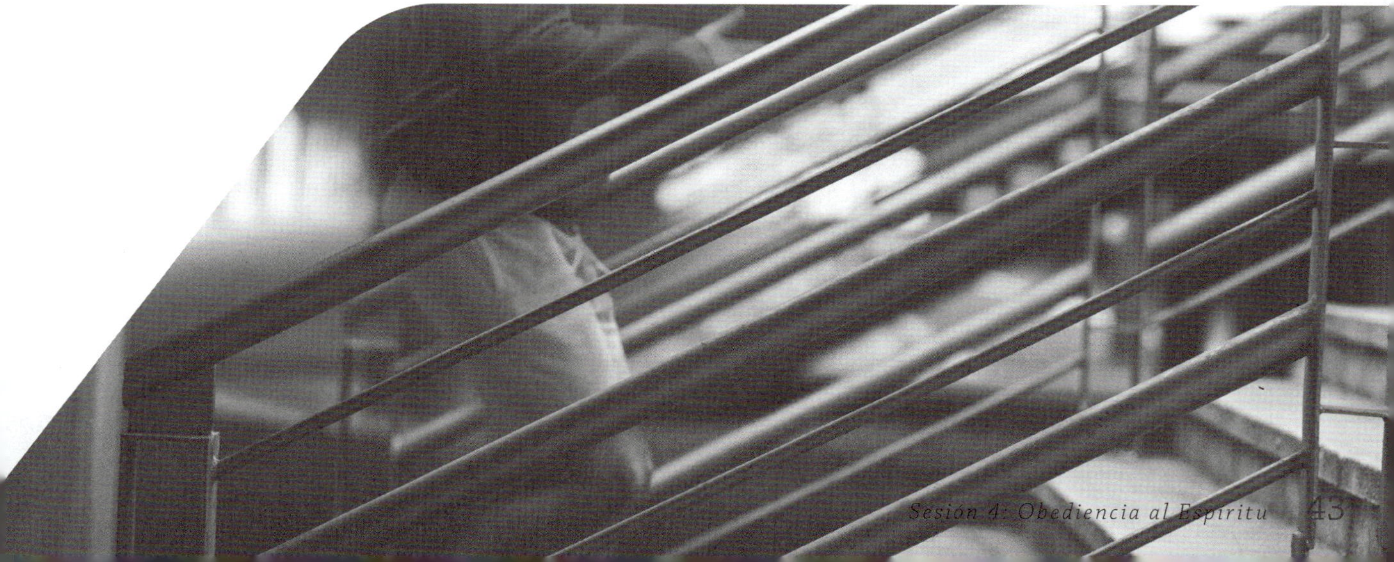

OBEDECE EL TEXTO

Los creyentes deben reconocer las oportunidades de compartir a Jesús con otros, según lo indique el Espíritu Santo. A medida que crecen en su comprensión de la Escritura, los creyentes adquieren confianza para compartir sus testimonios. La salvación está al alcance de todos los que estén dispuestos a recibir a Jesús.

¿Qué barreras debes superar para reconocer mejor las oportunidades de compartir a Jesús con los demás? Identifica los pasos que darás para superar una barrera.

Planifica tiempo esta semana para estudiar tu Biblia y orar. Pídele al Espíritu Santo que te revele cómo puedes conectarte con otros en tu grupo de estudio bíblico para compartir el evangelio de manera más efectiva.

Haz una lista de las inquietudes que tienes que te impiden seguir a Jesús. Si ya eres un seguidor de Jesús, enumera las inquietudes que tenías antes de hacer ese compromiso. ¿Cómo puedes usar estas inquietudes para fortalecer tus estrategias personales a fin de presentarle a Jesús a un individuo?

MEMORIZA

«Pero los que fueron esparcidos iban por todas partes anunciando el evangelio» (Hechos 8:4).

UTILIZA EL ESPACIO QUE SIGUE PARA ESCRIBIR TUS OBSERVACIONES Y ANOTAR LAS PETICIONES DE ORACIÓN DURANTE LAS REUNIONES DE GRUPO DE ESTA SESIÓN.

MIS REFLEXIONES

Escribe tus ideas y tus preguntas de la reunión de grupo.

MI RESPUESTA

Indica de qué maneras específicas pondrás en práctica la verdad explorada esta semana.

MIS ORACIONES

Haz una lista de las necesidades específicas de oración y de las respuestas a estas para recordarlas esta semana.

Transformación a través del evangelio

Dios llama a las personas a ser Sus mensajeros, y el primer paso es un compromiso de seguir a Cristo.

ENTIENDE EL CONTEXTO

USA LAS SIGUIENTES PÁGINAS PARA PREPARARTE PARA TU REUNIÓN DE GRUPO.

Saulo procuraba encarcelar a los mensajeros de Jesús y silenciar de esta forma su mensaje sobre Él. Consiguió la autorización del sumo sacerdote en Jerusalén para poder arrestar a los creyentes que vivían en Damasco y extraditarlos a Jerusalén (ver Hech. 9:1-2).

El viaje de Saulo a Damasco fue interrumpido por una luz cegadora del cielo, y la voz de Jesús que le preguntó a Saulo por qué lo perseguía. Jesús le indicó que se levantara y entrara a Damasco, donde recibiría más instrucciones (ver vv. 3-9).

Al mismo tiempo, Dios le ordenó a un creyente llamado Ananías, que vivía en Damasco, que fuera a la casa donde se encontraba Saulo y orara por él. Es de comprender que Ananías se mostrara reacio a hacerlo porque la reputación violenta de Saulo se había divulgado por doquier. El Señor le explicó a Ananías que Saulo era Su instrumento escogido para presentar el mensaje del evangelio a gentiles y judíos, así como a los reyes (ver vv. 10-16).

Ananías obedeció al Señor. Encontró a Saulo y oró por él. Saulo recuperó la vista de inmediato y fue bautizado. Poco después, Saulo comenzó a testificar sobre Jesús en las sinagogas, y a proclamar a Jesús como Hijo de Dios y Mesías (ver vv. 17-22).

Algunos judíos incrédulos conspiraron para matar a Saulo y silenciar su testimonio, pero sus amigos lo rescataron y lo sacaron de Damasco por la noche. Saulo regresó a Jerusalén, donde Bernabé se hizo su amigo y lo presentó a los apóstoles. Otro intento de algunos judíos de matar a Saulo hizo que los creyentes lo llevaran hasta Cesarea, donde fue enviado a Tarso. Mientras tanto, la iglesia seguía creciendo (vv. 23-31).

«EL EVANGELIO ES BUENAS NOTICIAS SOLAMENTE SI LLEGA A TIEMPO».

—Carl F. H. Henry

› HECHOS 9:3-9,15-20

Piensa en esto:

Identifica y responde las preguntas que Jesús hizo en este pasaje.

3 Mas yendo por el camino, aconteció que al llegar cerca de
Damasco, repentinamente le rodeó un resplandor de luz del cielo;
4 y cayendo en tierra, oyó una voz que le decía: Saulo, Saulo, ¿por
qué me persigues? **5** El dijo: ¿Quién eres, Señor? Y le dijo: Yo soy
Jesús, a quien tú persigues; dura cosa te es dar coces contra el
aguijón. **6** El, temblando y temeroso, dijo: Señor, ¿qué quieres que
yo haga? Y el Señor le dijo: Levántate y entra en la ciudad, y se
te dirá lo que debes hacer. **7** Y los hombres que iban con Saulo se
pararon atónitos, oyendo a la verdad la voz, mas sin ver a nadie. **8**
Entonces Saulo se levantó de tierra, y abriendo los ojos, no veía a
nadie; así que, llevándole por la mano, le metieron en Damasco, **9**
donde estuvo tres días sin ver, y no comió ni bebió.

15 El Señor le dijo: Ve, porque instrumento escogido me es éste,
para llevar mi nombre en presencia de los gentiles, y de reyes, y de
los hijos de Israel; **16** porque yo le mostraré cuánto le es necesario
padecer por mi nombre. **17** Fue entonces Ananías y entró en la
casa, y poniendo sobre él las manos, dijo: Hermano Saulo, el Señor
Jesús, que se te apareció en el camino por donde venías, me ha
enviado para que recibas la vista y seas lleno del Espíritu Santo.
18 Y al momento le cayeron de los ojos como escamas, y recibió
al instante la vista; y levantándose, fue bautizado. **19** Y habiendo
tomado alimento, recobró fuerzas. Y estuvo Saulo por algunos
días con los discípulos que estaban en Damasco. **20** En seguida
predicaba a Cristo en las sinagogas, diciendo que éste era el Hijo
de Dios.

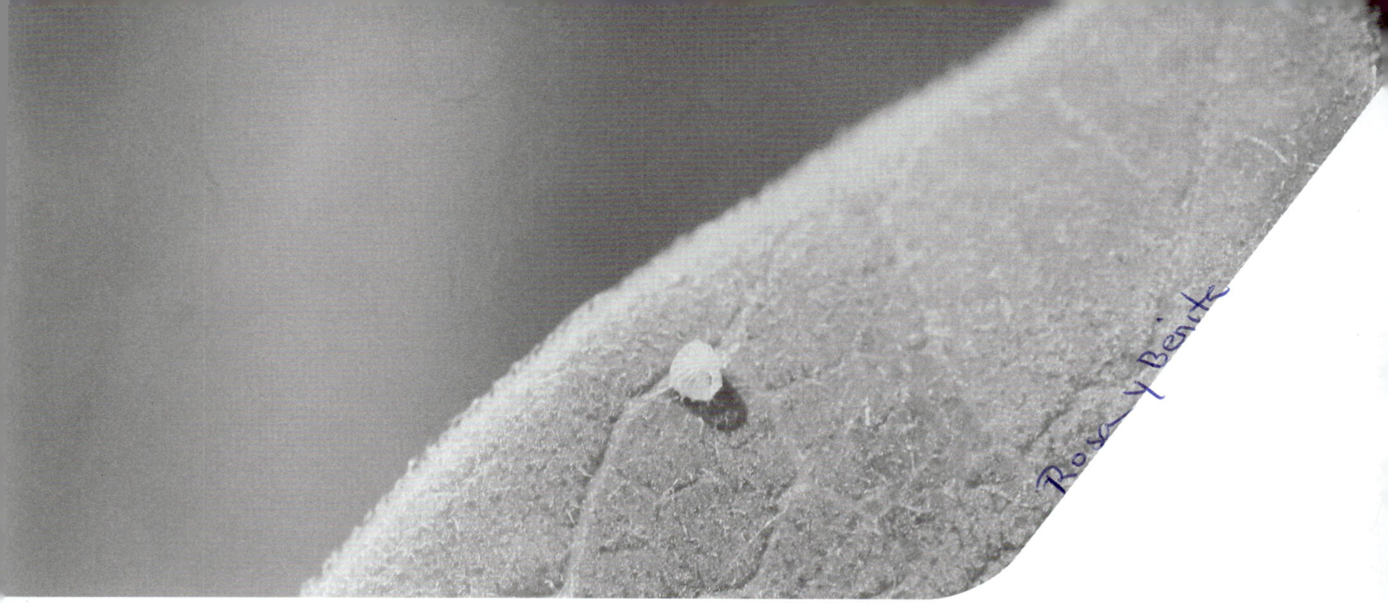

› EXPLORA EL TEXTO

LA CONFRONTACIÓN (Hech. 9:3-6)

**[3] Mas yendo por el camino, aconteció que al llegar cerca de Damasco,
repentinamente le rodeó un resplandor de luz del cielo; [4] y cayendo en tierra,
oyó una voz que le decía: Saulo, Saulo, ¿por qué me persigues? [5] El dijo: ¿Quién
eres, Señor? Y le dijo: Yo soy Jesús, a quien tú persigues; dura cosa te es dar
coces contra el aguijón. [6] El, temblando y temeroso, dijo: Señor, ¿qué quieres
que yo haga? Y el Señor le dijo: Levántate y entra en la ciudad, y se te dirá lo
que debes hacer.**

Saulo se dirigía a Damasco, armado con órdenes de arrestar a los seguidores de Cristo. Sin embargo, en algún lugar cerca de la ciudad, el Cristo resucitado lo confrontó. La frase «un resplandor del cielo» (v. 3) indicaba una intromisión divina. Más tarde, al relatar su experiencia de conversión a un rey, Saulo describió esta luz como «que sobrepasaba el resplandor del sol» (26:13).

El destello de luz fue tan intenso que hizo a Saulo caer al suelo; luego escuchó una voz que lo llamó por su nombre. De repente se enfrentó al hecho de que perseguir a los seguidores de Jesús era perseguir al Hijo de Dios.

Hasta ahora, Saulo no estaba seguro de la identidad del hablante, aunque el uso del término «Señor» indica que sabía que la voz era de Dios. Qué revelación tan imponente (y penetrante) debe haber sido escuchar la voz divina. ¡El mismo Señor Jesús, a quien el moribundo mártir Esteban había orado mientras Saulo observaba (ver 7:58-59), estaba realmente vivo y reinando en el cielo!

Un cambio drástico ocurrió en Saulo. Unos minutos antes, él era un perseguidor arrogante de Jesús. Entonces el Señor resucitado paralizó el corazón, la mente y el alma de Saulo mediante un destello de luz penetrante. Ahora cegado, humillado y postrado en el polvo, Saulo recibió el primer encargo de parte de aquél a quien había perseguido. Saulo tenía una vida nueva que vendría con un propósito nuevo. Un ex rebelde impío estaba siendo transformado en un revolucionario piadoso.

¿Cómo caracterizarías la confrontación entre Jesús y Saulo? ¿De qué otras maneras confronta Jesús a las personas en cuanto a su necesidad de Él?

LOS COMPAÑEROS DE VIAJE DE SAULO (Hech. 9:7-9)

7 Y los hombres que iban con Saulo se pararon atónitos, oyendo a la verdad la voz, mas sin ver a nadie. 8 Entonces Saulo se levantó de tierra, y abriendo los ojos, no veía a nadie; así que, llevándole por la mano, le metieron en Damasco, 9 donde estuvo tres días sin ver, y no comió ni bebió.

El encuentro también afectó a los compañeros de viaje de Saulo, pero de una manera diferente a la de Saulo. Primero, se quedaron sin palabras. No tenían palabras para explicar lo que sucedió, aunque también la luz los arrojó al suelo junto con Saulo (ver 26:14). Segundo, los hombres escucharon el sonido, pero no lo identificaron como la voz de Jesús que hablaba a Saulo (ver 22:9). Tercero, los hombres no vieron a nadie. Estaban ajenos a la presencia del Señor, ya sea porque el Señor les impedía verlo o porque eran espiritualmente incapaces de ver.

A los compañeros de viaje de Saulo les fue impedido escuchar el mensaje de Jesús a Saulo. ¿Qué nos enseña este detalle sobre la forma en que Dios se relaciona con Su pueblo?

Desconcertado, quebrantado e impotente, Saulo se puso lentamente de pie en obediencia a Jesús. El velo sobre su corazón con respecto a Cristo había desaparecido, pero su visión física aún había de ser restaurada. Podía abrir los ojos; sin embargo, no veía nada. Ahora se encontraba indefenso y dependiente; ya no era el fariseo orgulloso y engreído sino el doblegado seguidor de Cristo que necesitaba a sus compañeros para llevarlo de la mano a la ciudad de Damasco.

Durante tres días Saulo permaneció sin ver, mientras estaba en Damasco. También ayunaba, en arrepentimiento y meditación, o simplemente no le interesaba comer ni beber debido a los drásticos cambios ocurridos en su vida.

DOCTRINA CLAVE
La elección

La elección es el propósito misericordioso de Dios, según el cual Él regenera, justifica, santifica y glorifica a los pecadores.

LA COMISIÓN (Hech. 9:15-20)

15 El Señor le dijo: Ve, porque instrumento escogido me es éste, para llevar mi nombre en presencia de los gentiles, y de reyes, y de los hijos de Israel; 16 porque yo le mostraré cuánto le es necesario padecer por mi nombre. 17 Fue entonces Ananías y entró en la casa, y poniendo sobre él las manos, dijo: Hermano Saulo, el Señor Jesús, que se te apareció en el camino por donde venías, me ha enviado para que recibas la vista y seas lleno del Espíritu Santo.

Muchos cristianos sirven al Señor detrás del telón, de una manera callada pero efectiva. Sus nombres rara vez aparecen en las noticias o en los libros de historia. Sin embargo, su obediencia a Dios en situaciones cruciales a menudo moldea el futuro de manera notable. Un creyente como estos fue Ananías de Damasco, a quien el Señor envió para instruir y bautizar a Saulo. Ananías había escuchado sobre las actividades hostiles de Saulo contra los creyentes en Jerusalén, y sabía que Saulo había venido a Damasco con la misma intención. Él dudó en ir a buscar a Saulo (vv. 13-14), pero el Señor le explicó que este era Su instrumento escogido para llevar Su mensaje «... en presencia de los gentiles, y de reyes, y de los hijos de Israel» (v. 15).

Saulo estaba bien preparado para la obra de por vida que Dios eligió para él. Se podía comunicar en griego, hebreo y arameo. Fue entrenado en la Escritura del Antiguo Testamento, era ciudadano del Imperio Romano y podía auto sostenerse como fabricante de tiendas. Pero lo más significativo de todo, se había encontrado con el Señor resucitado y había sido transformado.

PREPARACIÓN BÍBLICA
Compara versículos bíblicos para comprender las ideas del escritor.

Compara Romanos 1:1-5; 9:23-24; Gálatas 1:15-16; y Efesios 3:7-13. ¿Qué revelan estos pasajes sobre cómo Saulo (Pablo) comprendía el llamado de Dios para su vida? ¿Qué revelan estos pasajes sobre Dios y Su obra en el mundo? Resume lo que piensas que Saulo (Pablo) entendió que significaba para él ser un instrumento escogido.

La selección e idoneidad de Saulo para la misión evangelística también implicaba que él debía sufrir por Jesús. Aquellos que siguen de cerca los pasos de Jesús no pueden evitar el peso de la cruz ni el dolor del sacrificio. El verbo «padecer» (v. 16) indica una necesidad divina. Saulo experimentaría la agonía y la aflicción del discipulado, pero nunca se avergonzaría de su devoción por Cristo (ver 2 Tim. 1:12).

Ananías llegó al lugar donde se encontraba Saulo. El Señor le había dado previamente a Ananías la dirección y la casa exactas (ver Hech. 9:11). Además, en una visión, Saulo ya se había enterado del nombre del hombre que vendría y le devolvería la vista (ver v. 12). ¡Qué maravilloso debe haber sido cuando ambos hombres se dieron cuenta de que el Señor había estado obrando en ellos para lograr Su propósito santo!

Observa que Ananías se dirigió a Saulo afectuosamente como «hermano Saulo» (ver v. 17). Los judíos usaban el término «hermano» como una palabra de cortesía; sin embargo, los cristianos llegaron a utilizar el término para indicar una relación espiritual en la familia de la fe. Del mismo modo, al poner sus manos sobre Saulo, Ananías demostró el vínculo que el Espíritu Santo creó en la familia de Dios. Ananías había llegado a Saulo con la autoridad del Señor para restaurar la vista de Saulo y orar que este fuera lleno del Espíritu Santo.

En ocasiones los estudiosos de la Escritura debaten sobre el momento preciso de la conversión de Saulo. Algunos sostienen que ocurrió en el camino a Damasco. Otros que tuvo lugar durante su estancia de tres días en Damasco (ver vv. 9-11). Y otros proponen que la conversión de Saulo ocurrió durante la visita de Ananías. Lo que podemos saber con absoluta certeza es que Jesús salvó y cambió a Saulo, y le perdonó sus pecados. El Espíritu Santo lo llenó y comenzó a prepararlo para la grandiosa obra de llevar el evangelio hasta los confines de la tierra.

¿Cuán importante es que un creyente sea capaz de señalar el momento preciso de su conversión? Explica esto.

18 Y al momento le cayeron de los ojos como escamas, y recibió al
instante la vista; y levantándose, fue bautizado. 19 Y habiendo
tomado alimento, recobró fuerzas. Y estuvo Saulo por algunos
días con los discípulos que estaban en Damasco. 20 En seguida

predicaba a Cristo en las sinagogas, diciendo que éste era el Hijo de Dios.

Cuando Ananías anunció la promesa de Jesús, Saulo recuperó la vista. El término griego para «escamas» se usaba para referirse a cualquier cosa, desde una cáscara de cebolla hasta escamas de pescado y copos de nieve. El texto simplemente plantea que lo que cayó de los ojos de Saulo parecía escamas.

Luego Saulo se levantó y fue bautizado. El bautismo de Saulo fue un acto de obediencia y una profesión pública de ser un seguidor de Jesucristo. El bautismo de Saulo marcó el final de su ayuno. Luego de la restauración de su vista, recuperó también sus fuerzas. Igualmente importante, recibió fuerza espiritual al reunirse durante varios días con los discípulos en Damasco.

No es de extrañar que muchos de los judíos que escucharon a Saulo proclamar a Jesús se preguntaran cómo el mensaje de un fariseo de corazón ferviente pudo cambiar tan radicalmente. Saulo predicó a Jesús como el Hijo de Dios, un título que afirmaba a Jesús como Deidad y como el tan esperado Mesías de Israel.

¿Por qué fue significativo que Saulo comenzara de inmediato a proclamar a Jesús? ¿Por qué los nuevos creyentes a menudo muestran pasión por contarles a otros sobre Jesús?

› OBEDECE EL TEXTO

Dios usa todo tipo de personas en la obra del reino y lo hace de diferentes maneras. Dios llama a individuos específicos a enfocarse en la obra misionera. Todos los creyentes pueden compartir con los demás sobre quién es Jesús.

Comparte tu experiencia de conversión con alguien de tu grupo. ¿De qué maneras tu conversión fue diferente a la de Saulo? ¿De qué maneras fue similar?

Pide a Dios que te ayude a comprender tu papel en Su misión. Dale gracias por las formas en que Él te ha usado en el pasado. Comprométete a estar disponible para Él en el futuro. Pide a Dios que llame a las personas de tu grupo a compartir el evangelio con gente que aún no ha escuchado Su verdad.

Escribe sobre quién crees que es Jesús. Menciona a alguien con quien puedas compartir lo que has escrito. Pide a Dios que te ayude a compartir con esta persona la próxima semana.

MEMORIZA

«En seguida predicaba a Cristo en las sinagogas, diciendo que éste era el Hijo de Dios» (Hech. 9:20).

UTILIZA EL ESPACIO QUE SIGUE PARA ESCRIBIR TUS OBSERVACIONES Y ANOTAR LAS PETICIONES DE ORACIÓN DURANTE LAS REUNIONES DE GRUPO DE ESTA SESIÓN.

MIS REFLEXIONES

Escribe tus ideas y tus preguntas de la reunión de grupo.

MI RESPUESTA

Indica de qué maneras específicas pondrás en práctica la verdad explorada esta semana.

MIS ORACIONES

Haz una lista de las necesidades específicas de oración y de las respuestas a estas para recordarlas esta semana.

LA SALVACIÓN ES PARA TODOS

El mensaje del evangelio es para todas las personas, de cualquier trasfondo, experiencia de vida, y tradición cultural.

› ENTIENDE EL CONTEXTO

USA LAS SIGUIENTES PÁGINAS PARA PREPARARTE PARA TU REUNIÓN DE GRUPO.

Lucas da seguimiento a la obra evangelística del apóstol Pedro. Después de ver una respuesta generalizada al evangelio en Jope, tras la resurrección de Tabita de entre los muertos, Pedro permaneció allí. Pronto recibiría la visita de tres hombres de una ciudad cercana; su urgente petición provocaría una transformación en la actitud de Pedro hacia los gentiles.

Lucas describe primero la situación de Cornelio, un centurión gentil sumamente religioso que vivía en Cesarea. En un tiempo de oración, Cornelio tuvo una visión en la cual un ángel de Dios le ordenó que enviara hombres a Jope para que llevaran a Pedro. Cornelio envió a dos sirvientes y a un soldado para pedirle al apóstol que fuera a Cesarea (ver Hech. 10:1-8).

Entretanto, Pedro también recibió una visión mientras oraba. El significado de la visión se hizo evidente para Pedro al encontrarse con los tres visitantes de Cesarea, ir con ellos a la casa de Cornelio, y escuchar el testimonio de este sobre las instrucciones del ángel de mandar a buscarlo. Pedro debía explicarles el evangelio (ver vv. 17-43). Mientras Pedro predicaba, el Espíritu Santo vino sobre Cornelio y los demás reunidos en su casa. Luego, Pedro dio órdenes de que los nuevos creyentes fueran bautizados (ver vv. 44-48).

Lucas luego informa sobre el regreso de Pedro a Jerusalén. Allí algunos cristianos judíos lo confrontaron pues se ofendieron porque no solo había visitado a los gentiles, sino que también había comido con ellos. Pedro explicó todo lo que lo llevó a visitar a Cornelio y enfatizó que los gentiles habían recibido el Espíritu Santo al igual que los conversos judíos. Esta fue una revelación revolucionaria para la iglesia primitiva (11:1-18).

En 11:19–12:25 Lucas describió cómo, a pesar de la oposición, el evangelio se extendió desde Jerusalén a lugares como Antioquía de Siria. La iglesia en Antioquía jugaría un papel clave tanto en la vida de Saulo de Tarso como en la difusión del evangelio a todas las naciones. Fue también en Antioquía donde los seguidores de Jesús fueron llamados cristianos por primera vez.

«SI QUITAS LAS MISIONES DE LA BIBLIA, NO TE QUEDARÁ NADA MÁS QUE LAS CUBIERTAS».

—Nina Gunter

› HECHOS 10:9-16,43-48

Piensa en esto:

Observa la reacción de Pedro a la visión. ¿Cómo caracterizarías su reacción?

¿Qué indica la pregunta que hace Pedro en el versículo 47 sobre su posterior respuesta a la visión?

9 Al día siguiente, mientras ellos iban por el camino y se acercaban
a la ciudad, Pedro subió a la azotea para orar, cerca de la hora
sexta. **10** Y tuvo gran hambre, y quiso comer; pero mientras le
preparaban algo, le sobrevino un éxtasis; **11** y vio el cielo abierto,
y que descendía algo semejante a un gran lienzo, que atado de las
cuatro puntas era bajado a la tierra; **12** en el cual había de todos
los cuadrúpedos terrestres y reptiles y aves del cielo. **13** Y le vino
una voz: Levántate, Pedro, mata y come. **14** Entonces Pedro dijo:
Señor, no; porque ninguna cosa común o inmunda he comido
jamás. **15** Volvió la voz a él la segunda vez: Lo que Dios limpió,
no lo llames tú común. **16** Esto se hizo tres veces; y aquel lienzo
volvió a ser recogido en el cielo. De él dan testimonio todos los
profetas cuando dicen que a todo el que cree en él se le perdonarán
los pecados por medio de su nombre.

43 De éste dan testimonio todos los profetas, que todos los que
en él creyeren, recibirán perdón de pecados por su nombre. **44**
Mientras aún hablaba Pedro estas palabras, el Espíritu Santo cayó
sobre todos los que oían el discurso. **45** Y los fieles de la circuncisión
que habían venido con Pedro se quedaron atónitos de que también
sobre los gentiles se derramase el don del Espíritu Santo. **46**
Porque los oían que hablaban en lenguas, y que magnificaban a
Dios. **47** Entonces respondió Pedro: ¿Puede acaso alguno impedir
el agua, para que no sean bautizados estos que han recibido el
Espíritu Santo también como nosotros? **48** Y mandó bautizarles
en el nombre del Señor Jesús. Entonces le rogaron que se quedase
por algunos días.

EXPLORA EL TEXTO

LAS VISIONES (Hech. 10:9-16)

9 Al día siguiente, mientras ellos iban por el camino y se acercaban a la ciudad, Pedro subió a la azotea para orar, cerca de la hora sexta. 10 Y tuvo gran hambre, y quiso comer; pero mientras le preparaban algo, le sobrevino un éxtasis.

La frase «al día siguiente» (v. 9) se refiere al día después de que Cornelio, el gobernador romano, tuvo su visión en Cesarea y enviara tres representantes a Jope para encontrar a Pedro (ver vv. 3-8). Cesarea, ubicada en la costa mediterránea a unas 35 millas (58 kilómetros) al norte de Jope, era la capital de Judea. Su población era una mezcla de judíos y gentiles, pero los dos grupos no siempre cohabitaban en paz. Sin embargo, Cornelio mantenía una buena relación con la población judía, y los judíos pueden haberlo tenido como un hombre temeroso de Dios (ver v. 2).

Mientras tanto, Pedro aún permanecía en Jope como invitado en casa de Simón el curtidor (ver 9:43). Alrededor del mediodía, Pedro subió a la azotea de la casa para orar. De este modo, Dios preparó los corazones de Cornelio y Pedro mientras oraban.

El hecho de que Pedro haya sentido hambre prepara a los lectores para la visión que está por llegar. Pedro estaba a punto de saber que los judíos no eran las únicas personas que tenían hambre de conocer a Dios. Más importante aún, estaba a punto de aprender que el evangelio es «comida» vivificante, dado por Dios a judíos y gentiles por igual.

Pedro sería confrontado inicialmente con esta verdad en un estado visionario, que es una experiencia espiritual profunda dictada por la actividad divina. Dios envió esta visión a Pedro a fin de prepararlo para su próxima visita a la casa de Cornelio.

11 Y vio el cielo abierto, y que descendía algo semejante a un gran
lienzo, que atado de las cuatro puntas era bajado a la tierra; 12 en
el cual había de todos los cuadrúpedos terrestres y reptiles y aves
del cielo. 13 Y le vino una voz: Levántate, Pedro, mata y come. 14
Entonces Pedro dijo: Señor, no; porque ninguna cosa común o
inmunda he comido jamás. 15 Volvió la voz a él la segunda vez:
Lo que Dios limpió, no lo llames tú común. 16 Esto se hizo tres
veces; y aquel lienzo volvió a ser recogido en el cielo. De él dan
testimonio todos los profetas cuando dicen que a todo el que
cree en él se le perdonarán los pecados por medio de su nombre.

En su visión, Pedro vio un objeto que se parecía a una gran sábana que bajaba del cielo por sus cuatro puntas. El objeto funcionaba como una bolsa enorme que contenía todo tipo de criaturas. La ley de Moisés diferenciaba estrictamente entre criaturas limpias e inmundas (ver Lev. 11). Las criaturas inmundas no debían comerse, ni siquiera tocarse; los infractores de estas reglas serían considerados impíos ante Dios. Por lo tanto, muchos judíos percibían a todos los gentiles como detestables ante Dios porque no guardaban la ley. ¿Qué posible mensaje podría recibir Pedro de una visión de criaturas limpias e inmundas en una gran bolsa?

De repente, Pedro escuchó una voz que le indicaba que comiera. (Recordemos que Pedro tenía hambre). Ninguna salvedad fue agregada a la orden; Pedro podía darse un banquete con cualquier criatura que deseara. Pero de la misma forma repentina y enfática con que fue dado el permiso divino, llegó la respuesta de Pedro: «Señor, no» (Hech. 10:14). Resulta irónico que el «muro» erigido por la ley que le prohibía a Pedro comer algo común y ritualmente impuro ahora impedía que el apóstol dijera sí con agradecimiento al don de la comida de Dios.

La reacción de Pedro tiene implicaciones de gran repercusión para los creyentes de hoy. ¿En qué áreas de nuestra vida le estamos diciendo que no a Dios? Cuando decimos no a Dios, desobedecemos Su autoridad. Además, nos negamos muchas bendiciones maravillosas que Él quiere darnos y verdades espirituales que Él quiere enseñarnos.

Piensa en otros ejemplos en la Escritura cuando las personas le dijeron que no a Dios. ¿Cómo se asemejan esos ejemplos a la respuesta de Pedro?

DOCTRINA CLAVE
La salvación

La salvación se ofrece gratuitamente a todos los que aceptan a Jesucristo como Señor y Salvador.

La repetición es un método valioso de enseñanza-aprendizaje. Pedro recibió tres veces una parte o la totalidad de la visión (ver v. 16). Después de la segunda vez, la voz enunció el principio del evangelio que destrozaría el «muro» de tradición de Pedro: «Lo que Dios limpió, no lo llames tú común» (v. 15). Pedro pronto aplicaría el principio en la vida práctica, al proclamar en la casa de Cornelio que la muerte expiatoria de Jesús en la cruz limpia (salva) a todo el que se arrepienta y crea en Él, ya sea judío o gentil.

¿De qué forma podría haber sido afectada la iglesia primitiva si Dios hubiera permitido que Pedro rechazara la visión celestial?

LA DECLARACIÓN (Hech. 10:43)

43 De éste dan testimonio todos los profetas, que todos los que en él creyeren, recibirán perdón de pecados por su nombre.

En este punto, hemos avanzado rápidamente a través de la narrativa que describe la llegada de los mensajeros de Cornelio a Jope (ver v. 17), su invitación urgente para que Pedro vaya a Cesarea y predique el evangelio en la casa de Cornelio (ver el v. 22), la aprobación de Pedro para ir con ellos (ver v. 23), y el mensaje del apóstol a la gente reunida en la casa de Cornelio (ver vv. 34-43). El versículo 43 es una declaración clave en el mensaje de Pedro; que provocó un movimiento del Espíritu Santo entre los oyentes.

Mediante la frase «todos los profetas» (v. 43) Pedro declaró que el testimonio previo del Antiguo Testamento predijo la verdad sobre Jesús. El profeta Isaías declaró que el Mesías cargaría el pecado de la humanidad y «justificará [...] a muchos» (Isa. 53:11). El profeta Zacarías afirmó que el Mesías haría brotar un manantial espiritual de limpieza para lavar la inmundicia (ver Zac. 13:1). El profeta Malaquías predijo que el Mesías traería salvación en Sus alas a todos los que veneraran Su nombre (ver Mal. 4:2).

PREPARACIÓN BÍBLICA
Lee pasajes relacionados que se reafirman mutuamente.

Pedro sigue aprendiendo el significado de su visión. Lee Gálatas 2:11-16. ¿Qué revela este suceso sobre lo difícil de vencer las barreras sociales? ¿Cómo usó Dios a Pablo para reforzar en Pedro la verdad de la visión de este en Hechos 10:9-16? ¿Qué nos enseña este altercado entre Pablo y Pedro sobre la necesidad de que se nos recuerden verdades que Dios nos ha revelado en el pasado?

¿Qué otros pasajes bíblicos puedes identificar que respalden la declaración de salvación hecha por Pedro para todos los que se arrepienten y creen en Jesús?

LA SEÑAL (Hech. 10:44-46)

44 Mientras aún hablaba Pedro estas palabras, el Espíritu Santo cayó sobre todos los que oían el discurso. 45 Y los fieles de la circuncisión que habían venido con Pedro se quedaron atónitos de que también sobre los gentiles se derramase el don del Espíritu Santo. 46 Porque los oían que hablaban en lenguas, y que magnificaban a Dios.

La capacidad del Espíritu Santo para llegar a los oyentes siempre es mayor que la capacidad de comunicación de un testigo del evangelio. Aun así, el Espíritu usó las palabras de Pedro como combustible para encender un fuego en los corazones de los oyentes. Mientras Pedro todavía hablaba, el Espíritu descendió sobre Cornelio y los demás. Sus corazones estaban dispuestos y abiertos para creer en Jesús. La frase «fieles de la circuncisión» (v. 45) se refiere a los cristianos judíos de Jope que fueron con Pedro a Cesarea (ver v. 23). Estos se quedaron atónitos cuando vieron el derramamiento del Espíritu Santo sobre los gentiles. Fueron testigos de la clara evidencia de que el evangelio da la bienvenida a todas las personas a la familia de Dios por la fe en Jesucristo.

Hay similitudes entre este suceso en Cesarea y el derramamiento del Espíritu en Jerusalén en el día de Pentecostés. Ambos sucesos fueron iniciados únicamente por el Espíritu Santo para magnificar a Jesús como el Hijo de Dios. En ambos sucesos, el Espíritu vino sobre todos los que creían. Del mismo modo, en ambos sucesos, el Espíritu dio a los creyentes la capacidad de hablar en otros idiomas además del propio para declarar la grandeza del Señor. Dios confirmó la salvación de los gentiles por la fe en Cristo, de la misma manera que confirmó la salvación de los creyentes judíos en el día de Pentecostés (ver 2:1-4). Este fue un suceso crucial en el movimiento del evangelio hacia un impacto global, pues el Espíritu Santo abrió la puerta de la esperanza para cada tribu, raza y nación.

LA ACEPTACIÓN (Hech. 10:47-48)

**47 Entonces respondió Pedro: ¿Puede acaso alguno impedir el
agua, para que no sean bautizados estos que han recibido el
Espíritu Santo también como nosotros? 48 Y mandó bautizarles
en el nombre del Señor Jesús. Entonces le rogaron que se
quedase por algunos días.**

Si el Espíritu Santo dio a los gentiles la misma bendición interna que les dio a los judíos, entonces significaba que, en Cristo, Dios había purificado a Cornelio y a su familia, y los había hecho agradables ante Sus ojos. Por lo tanto, a Pedro le quedó claro cuál sería el siguiente paso para estos nuevos creyentes. De este modo, Pedro ordenó a Cornelio y a los demás gentiles que se bautizaran en el nombre de Jesucristo. El bautismo es una demostración pública de sometimiento a Jesús como Salvador y Señor. La inmersión en el agua en sí misma no tiene poder de salvación. Por eso los nuevos conversos debían ser bautizados en el nombre de Jesucristo. Él es quien salva y limpia a Sus seguidores de sus pecados.

La orden de Pedro fue acogida de manera entusiasta. Además, estos nuevos creyentes mostraron un hambre espiritual por escuchar aún más sobre Jesús y su nueva vida en Él. Quizás también pensaron en otros amigos y vecinos que necesitaban escuchar el evangelio. En cualquier caso, ellos instaron a Pedro a quedarse en Cesarea por unos días.

¿Cómo describirías la importancia del bautismo de los creyentes gentiles para los creyentes judíos presentes? ¿Y para los otros gentiles presentes?

OBEDECE EL TEXTO

La salvación se ofrece a todos, independientemente de su legado cultural o raza. La salvación viene solamente por la fe en Jesús. En la iglesia local, los creyentes pueden ser defensores de nuevos creyentes provenientes de diferentes trasfondos.

¿Qué barreras sociales te causan las mayores dificultades? ¿Cómo afectan esas barreras tu capacidad o disposición para testificar a las personas en esos grupos? ¿Qué pasos puedes dar para eliminar esas barreras?

Piensa en tu salvación. ¿Qué evidencia podrías señalar que demuestre que confías solo en Cristo para tu salvación?

¿Qué actividades emprenderás junto a tu grupo de estudio bíblico para incluir más a las personas que no son de tu iglesia? Identifica las barreras que necesitan ser derribadas y comienza un plan para confrontar esas barreras.

MEMORIZA

«Entonces Pedro, abriendo la boca, dijo: En verdad comprendo que Dios no hace acepción de personas» (Hech. 10.34).

UTILIZA EL ESPACIO QUE SIGUE PARA ESCRIBIR TUS OBSERVACIONES Y ANOTAR LAS PETICIONES DE ORACIÓN DURANTE LAS REUNIONES DE GRUPO DE ESTA SESIÓN.

MIS REFLEXIONES

Escribe tus ideas y tus preguntas de la reunión de grupo.

MI RESPUESTA

Indica de qué maneras específicas pondrás en práctica la verdad explorada esta semana.

MIS ORACIONES

Haz una lista de las necesidades específicas de oración y de las respuestas a estas para recordarlas esta semana.

GUÍA PARA EL LÍDER, SESIÓN 1

PARA COMENZAR

OPCIONES PARA EMPEZAR: Elige una de las opciones siguientes para empezar el diálogo grupal.

CITA DE LA SEMANA PARA INICIAR EL DIÁLOGO: «Hablamos de la segunda venida; la mitad del mundo nunca ha oído hablar de la primera», Oswald J. Smith.

- ¿Cuál es tu respuesta inicial a la cita de esta semana?
- ¿Con qué frecuencia piensas en el regreso de Jesús?
- ¿Con qué frecuencia consideras la existencia de personas que nunca han escuchado el evangelio?
- ¿Parece ser el regreso de Jesús un tema de diálogo entre los cristianos o una realidad cotidiana? Explica esto.
- Hoy veremos cómo la presencia terrenal de Jesús llegaba a su fin, y la promesa de Su regreso.

ACTIVIDAD CREATIVA: Como preparación, identifica una ocasión en que recibiste una sorpresa. Si es posible, busca una imagen u otro objeto que evoque o represente ese recuerdo. Cuando todos hayan llegado, comiencen la sesión compartiendo brevemente esta experiencia sorprendente. Luego usen la siguiente pregunta para iniciar el diálogo

- Cuándo has sido sorprendido en gran manera, ¿por qué te sorprendiste?
- Hoy leeremos sobre algo que Jesús expresó e hizo que fue completamente inesperado.

ENTIENDE EL CONTEXTO

PROPORCIONA EL TRASFONDO: Presenta brevemente el Libro de los Hechos a los miembros, señalando los temas principales y cualquier información o idea que les ayude a comprender Hechos 1 (ver págs. 7 y 9). Luego, para ayudarlos a conectar de manera personal el contexto de hoy con el contexto original, plantea las siguientes preguntas y declaraciones.

- Lucas escribió dos libros. El Evangelio de Lucas se centró en el nacimiento, la vida, la muerte y la resurrección de Jesús. El Libro de los Hechos se centró en la difusión del evangelio y el establecimiento de la iglesia después de la ascensión de Jesús al cielo. ¿Por qué habrían sido importantes ambos libros para la audiencia original? ¿Por qué siguen siendo importantes para los lectores en la actualidad?
- Al comenzar nuestro estudio del Libro de los Hechos, presta atención a las diferentes formas en que Dios obró para difundir el evangelio de Jesús.

EXPLORA EL TEXTO

LEE LA BIBLIA: Pide a un voluntario que lea Hechos 1:1-11.

PARA DIALOGAR: Usa las siguientes preguntas para hablar de las reacciones iniciales de los miembros del grupo al texto:

- ¿Cómo interpretas la palabra «comenzó» en la frase «todas las cosas que Jesús comenzó a hacer y a enseñar» en el versículo 1?
- ¿Por qué son fundamentales los primeros dos versículos para comprender el resto del Libro de los Hechos?
- ¿Por qué es importante que el versículo 3 establezca la resurrección de Jesús como un hecho histórico comprobado?
- ¿Qué puntos clave en el versículo 3 proporcionan una recapitulación del evangelio introducido en los versículos 1-2?
- ¿Qué se prometió en los versículos 4-5? ¿Por qué se les dijo a los discípulos que esperaran en lugar de difundir inmediatamente las buenas nuevas de Jesús y el reino de Dios?
- En los versículos 6-8, ¿por qué es significativo que Jesús expresara que el poder del Espíritu Santo era necesario para la misión de los discípulos, pero que no les era posible conocer los tiempos de Dios?
- ¿Por qué sería de mayor importancia ser testigos en toda la tierra que procurar un reino en Israel?
- ¿Por qué comenzó el Libro de los Hechos con la ascensión de Jesús y la promesa de que regresaría?
- ¿Qué revela este pasaje de la Escritura sobre el carácter de Dios? ¿Sobre las tendencias humanas naturales? ¿Sobre nuestra misión como cristianos?

NOTA: Proporciona bastante tiempo para que los miembros del grupo hagan preguntas y den sus respuestas sobre el texto. No te sientas presionado a priorizar el programa por encima de las experiencias personales de los miembros del grupo. Si el tiempo lo permite, hablen de las respuestas a las preguntas en la lectura personal.

OBEDECE EL TEXTO

RESPONDE: Fomenta un ambiente de sinceridad y acción. Ayuda a cada uno a aplicar la verdad bíblica en áreas específicas de pensamiento, actitud o conducta personal.

- ¿Cómo te sientes al saber que incluso los discípulos todavía no entendían por completo lo que Jesús estaba haciendo? ¿Por qué te sientes animado o desanimado de que Jesús expresara que nunca sabremos los tiempos de Dios?
- ¿De qué maneras podemos animarnos unos a otros a ir en obediencia a Jesús en lugar de posponerlo o no hacer nada?
- ¿De qué maneras estás tratando de obedecer las últimas palabras de Jesús mediante las cuales nos llama a ser Sus testigos?

ORA: Termina agradeciendo a Dios por Jesús. Ora por corazones deseosos de compartir las buenas nuevas de Jesús y la esperanza que tenemos en Su regreso.

GUÍA PARA EL LÍDER, SESIÓN 2

PARA COMENZAR

OPCIONES PARA EMPEZAR: Elige una de las opciones siguientes para empezar el diálogo grupal.

CITA DE LA SEMANA PARA INICIAR EL DIÁLOGO: «La obra de Dios hecha a la manera de Dios nunca carecerá de la provisión de Dios», Hudson Taylor.

- ¿Cuál es tu respuesta inicial a la cita de esta semana?
- ¿Cuándo has experimentado la provisión de Dios? ¿En qué manera estaba relacionada con Su propósito?
- Hoy veremos la forma más importante que Dios provee para la obra que encargó.

ACTIVIDAD CREATIVA: Como preparación, identifica un equipo, banda, club, organización o hermandad (de hombres o mujeres) a la que perteneciste. Esta podría ser una experiencia significativa para inspirar a tu grupo o un momento embarazoso y divertido que revele humildad personal y franqueza de tu parte ante las personas de tu grupo. Si conservas un objeto de esa época de tu vida, prepárate para mostrárselo al grupo. Cuando todos hayan llegado, comiencen la sesión compartiendo brevemente tu historia. Luego usa las siguientes preguntas para abrir el diálogo.

- ¿Cuándo formaste parte de un equipo, banda, club, organización o hermandad (de hombres o mujeres)?
- ¿Qué tipo de grupo era y cuál fue tu propósito al unirte?
- ¿Cumplió el grupo con tus expectativas? ¿Por qué o por qué no?
- Hoy veremos la forma en que Dios formó una nueva comunidad de personas en torno a Su gran propósito.

ENTIENDE EL CONTEXTO

PROPORCIONA EL TRASFONDO: Presenta brevemente a los miembros del grupo cualquier información o idea que les ayude a comprender Hechos 2 (ver p. 17). Luego, para ayudarlos a conectar de manera personal el contexto de hoy con el contexto original, plantea las siguientes preguntas y declaraciones.

- ¿Por qué habría sido importante para los primeros cristianos entender el origen de la iglesia?
- ¿Cuál es el papel que la iglesia percibe tener en la cultura actual?
- En el estudio de hoy, busca sucesos clave y características de la iglesia primitiva.

EXPLORA EL TEXTO

LEE LA BIBLIA: Pide a dos voluntarios que lean Hechos 2:1-4,41-47.

PARA DIALOGAR: Usa las siguientes preguntas para analizar las reacciones iniciales de los miembros del grupo al texto:

- En los versículos 1-4, ¿por qué fue dado el Espíritu Santo al estar reunidas las personas? ¿Por qué es significativo que el Espíritu apareciera a todos, reposara sobre todos y los llenara a todos? ¿Cuál es la importancia del hecho de que la presencia y el poder del Espíritu Santo fueran dados antes de la predicación pública del evangelio y de la formación de la iglesia en Jerusalén?
- En el versículo 41, ¿cómo respondieron tres mil personas al primer sermón de Pedro lleno del Espíritu? ¿Por qué se registró en este texto cada uno de estos detalles?
- ¿En qué cosas perseveraron los primeros creyentes en Jesús? ¿Por qué cada una de las cosas descritas en los versículos 41-42 es esencial para la vida cristiana y para una iglesia saludable?
- ¿Por qué las palabras «hechas por» son la clave para entender el suceso descrito en el versículo 43? ¿Por qué el temor se apoderó de las personas al comienzo repentino y milagroso de la iglesia?
- Los versículos 44-47 describen hechos cotidianos en la vida de la iglesia. ¿Qué hizo la gente? ¿Qué hizo Dios?
- ¿Qué revela este pasaje de la Escritura sobre el carácter de Dios? ¿Sobre las tendencias humanas naturales? ¿Sobre nuestra misión como cristianos?

NOTA: Proporciona bastante tiempo para que los miembros del grupo hagan preguntas y den sus respuestas sobre el texto. No te sientas presionado a priorizar el programa por encima de las experiencias personales de los miembros del grupo. Si el tiempo lo permite, hablen de las respuestas a las preguntas en la lectura personal.

OBEDECE EL TEXTO

RESPONDE: Fomenta un ambiente de sinceridad y acción. Ayuda a cada uno a aplicar la verdad bíblica en áreas específicas de pensamiento, actitud o conducta personal.

- ¿Podrías tú ser descrito como alegre, humilde, generoso y devoto? ¿Qué característica de los primeros creyentes sería más difícil de reconocer en ti?
- ¿En qué maneras se asemeja tu iglesia a la descripción que aparece en Hechos 2? ¿En qué áreas puedes ayudar a tu iglesia y a tu grupo a atraer personas a Jesús?
- ¿Cómo te alienta en tu vida diaria el reunirte públicamente en la iglesia, y de manera personal en este grupo?

ORA: Termina alabando a Dios por la salvación. Ora por devoción y salud para tu iglesia.

PARA COMENZAR

OPCIONES PARA EMPEZAR: Elige una de las opciones siguientes para empezar el diálogo grupal.

CITA DE LA SEMANA PARA INICIAR EL DIÁLOGO: «Quiero dedicar mi vida a algo que viva más tiempo que yo», Vance H. Pitman.

- ¿Cuál es tu respuesta inicial a la cita de esta semana?
- Desde una perspectiva cultural, ¿dirías que nuestra sociedad en general vive para el momento, o ves un deseo secular de invertir en un bien mayor? Explica tu respuesta.
- ¿Qué tal invertir nuestra vida como cristianos en algo más grande que nosotros?
- Hoy veremos cómo los primeros cristianos invirtieron sus vidas en algo mayor que ellos mismos.

ACTIVIDAD CREATIVA: Como preparación, trae una posesión muy preciada, algo que harías casi cualquier cosa por cuidar, o algo por lo que te esforzaste sobremanera para obtener. Si no es un objeto sino una experiencia o una relación, prepárate para contar esa historia y compartir cualquier representación visual. Cuando todos hayan llegado, comienza la sesión contando tu historia. Luego usa las siguientes preguntas y declaraciones para abrir el diálogo.

- Explica que la mayoría de nosotros tenemos algo por lo que estamos (o hemos estado) dispuestos a hacer todo lo necesario para obtener o conservar.
- ¿Alguna vez has deseado tanto algo que hayas arriesgado todo, sin importar el costo personal (reputación, costo, etc.) para obtenerlo? ¿Valió la pena?
- Hoy veremos personas que estuvieron dispuestas a arriesgarlo todo, incluso sus vidas.

ENTIENDE EL CONTEXTO

PROPORCIONA EL TRASFONDO: Presenta brevemente a los miembros del grupo cualquier información o idea que les ayude a comprender Hechos 5 (ver pág. 27). Luego, para ayudarlos a conectar de manera personal el contexto de hoy con el contexto original, plantea las siguientes preguntas y declaraciones.

- ¿Por qué era importante que la audiencia original estuviera consciente de la persecución? ¿Por qué es aún importante para los lectores en la actualidad?
- ¿De qué maneras ser cristiano es contracultural hoy?
- En el estudio de hoy, presta atención a la respuesta tanto de los perseguidos como de los perseguidores.

EXPLORA EL TEXTO

LEE LA BIBLIA: Pide a tres voluntarios que lean Hechos 5:21,25-35,38-42.

PARA DIALOGAR: Usa las siguientes preguntas para hablar de las reacciones iniciales de los miembros del grupo al texto:

- En el versículo 25, ¿cómo afirmó Dios Su poder? ¿Cómo se relacionó esta demostración de poder con Su misión?
- En los versículos 26-28, ¿por qué querían los líderes religiosos silenciar el evangelio?
- ¿Cómo describirías la naturaleza de la declaración de Pedro en el versículo 29? ¿Por qué estaba confiado Pedro? ¿Cómo contrastan la declaración y la actitud de Pedro con la del Sanedrín?
- ¿Qué puntos clave en la respuesta de Pedro, en los versículos 29-32, resumieron el evangelio? ¿De qué manera fue su presentación del evangelio condenatoria y alentadora a la vez?
- En los versículos 33-39, ¿de qué manera fue el consejo de Gamaliel práctico y profético a la vez?
- ¿Cómo respondieron los apóstoles al trato injusto y abusivo? Revisa cada respuesta en los versículos de la Escritura correspondientes a hoy.
- ¿Qué hizo posible la respuesta de fidelidad y regocijo de los apóstoles?
- ¿Qué revela este pasaje de la Escritura sobre el carácter de Dios? ¿Sobre las tendencias humanas naturales? ¿Sobre nuestra misión como cristianos?

NOTA: Proporciona bastante tiempo para que los miembros del grupo hagan preguntas y den sus respuestas sobre el texto. No te sientas presionado a priorizar el programa por encima de las experiencias personales de los miembros del grupo. Si el tiempo lo permite, hablen de las respuestas a las preguntas en la lectura personal.

OBEDECE EL TEXTO

RESPONDE: Fomenta un ambiente de sinceridad y acción. Ayuda a cada uno a aplicar la verdad bíblica en áreas específicas de pensamiento, actitud o conducta personal.

- ¿Cuándo has experimentado consecuencias por expresar tu fe?
- ¿Cómo te sentirías si enfrentaras una fuerte persecución en nuestra cultura? ¿Qué necesitarías para perseverar en tu fe? ¿Qué necesitarías para difundir el evangelio?
- ¿De qué manera puedes compartir con valentía las buenas noticias de Jesús esta semana, incluso si el testimonio fuera impopular o si enfrentaras consecuencias personales?

ORA: Termina alabando a Dios por la importancia infinita de conocerlo a través de la fe en Jesús. Pídele a Su Espíritu que fortalezca la fe y la confianza de cada miembro del grupo frente a la oposición o las dificultades.

PARA COMENZAR

OPCIONES PARA EMPEZAR: Elige una de las opciones siguientes para empezar el diálogo grupal.

CITA DE LA SEMANA PARA INICIAR EL DIÁLOGO: «La compasión no sustituye a la acción», David Livingstone.

- ¿Cuál es tu respuesta inicial a la cita de esta semana?
- ¿De qué manera ha hecho la tecnología que la gente tome conciencia de las necesidades genuinas? ¿De qué manera ha llevado la tecnología a la pasividad? ¿De qué maneras son diferentes el tener conciencia de algo y la acción?
- ¿Sobre qué temas ves que muchas personas expresan opiniones firmes (tal vez especialmente en las redes sociales), pero pocas personas realmente toman medidas para abordar la causa?
- Hoy veremos que el Espíritu se mueve no solo para concientizar a las personas sobre los problemas, sino también para impulsarlos a la acción.

ACTIVIDAD CREATIVA: Como preparación, busca y trae una pelota u otro objeto que pueda ser lanzado en el grupo. Cuando todos hayan llegado, comienza haciendo un juego en el que todos lanzan espontáneamente el artículo de persona a persona en orden aleatorio. El objetivo es ver cuántas veces los miembros del grupo pueden tocar el objeto sin dejarlo caer. Después del juego usa las siguientes preguntas para abrir tu diálogo grupal.

- ¿Cuál fue la parte más difícil de este juego?
- ¿Quién mostró el tiempo de reacción más rápido?
- Hoy veremos que se necesita buena disposición para reaccionar ante las oportunidades que presenta el Espíritu.

ENTIENDE EL CONTEXTO

PROPORCIONA EL TRASFONDO: Presenta brevemente a los miembros los temas principales, la información y las ideas que los ayudarán a comprender Hechos 8 (ver pág. 37). Luego, para ayudarlos a conectar de manera personal el contexto de hoy con el contexto original, plantea las siguientes preguntas y declaraciones.

- ¿Por qué fue importante para la audiencia original ver cómo las personas fuera de Jerusalén comenzaron a responder al evangelio? ¿Por qué es aún importante para los lectores de hoy ver estas respuestas?
- En nuestra sociedad, ciertos trabajos requieren vigilancia constante. Por ejemplo, los bomberos no solo precisan conocer las necesidades, sino también responder rápidamente a lo que puede ser una situación de vida o muerte.
- En el estudio de hoy, presta atención a las respuestas de las personas a circunstancias apremiantes que dieron como resultado la vida eterna en lugar de la muerte.

EXPLORA EL TEXTO

LEE LA BIBLIA: Pide a un voluntario que lea Hechos 8:26-39.

PARA DIALOGAR: Usa las siguientes preguntas para hablar de las reacciones iniciales de los miembros del grupo al texto:

- ¿Qué detalles hacen que los versículos 26-28 sean partes interesantes de la historia y no una simple lista de hechos del contexto? ¿Cómo revelan estos versículos un plan específico de Dios y no casualidad y coincidencia?
- En los versículos 29-35, ¿de qué manera juega la Escritura un papel importante en la conversación? ¿Cómo prueba este relato que toda la Escritura, incluso el Antiguo Testamento, se centra en las buenas nuevas de Jesús?
- En los versículos 36-39, ¿por qué tiene el agua una importancia física? ¿Por qué tiene una importancia espiritual? ¿Qué revelan la pregunta y la acción del etíope sobre el bautismo?
- ¿Cómo respondió Felipe a cada instrucción recibida de Dios? ¿Cómo respondió al etíope?
- ¿Cómo respondió el etíope a Felipe? ¿Qué partes de la conversación y las acciones son sorprendentes? ¿Por qué son sorprendentes?
- Qué revela este pasaje de la Escritura sobre el carácter de Dios? ¿Sobre las tendencias humanas naturales? ¿Sobre nuestra misión como cristianos?

NOTA: Proporciona bastante tiempo para que los miembros del grupo hagan preguntas y den sus respuestas sobre el texto. No te sientas presionado a priorizar el programa por encima de las experiencias personales de los miembros del grupo. Si el tiempo lo permite, hablen de las respuestas a las preguntas en la lectura personal.

OBEDECE EL TEXTO

RESPONDE: Fomenta un ambiente de sinceridad y acción. Ayuda a cada uno a aplicar la verdad bíblica en áreas específicas de pensamiento, actitud o conducta personal.

- ¿Quién compartió el evangelio contigo? ¿Cuál fue la situación y cuál fue tu respuesta?
- ¿Con qué frecuencia aprovechas la oportunidad para hablar con alguien sobre tu fe? ¿Cuándo fue la última vez que compartiste el evangelio? Describe lo que sentiste antes, durante y después de hacerlo.
- ¿A quién ha traído Dios a tu vida que necesita ayuda para crecer en su comprensión de la Escritura? ¿Qué harás para ayudarlo?
- ¿Con qué personas te cruzas regularmente que aún no creen en el evangelio? ¿Cómo puedes disponerte intencionalmente para la obra del Espíritu en sus vidas?

ORA: Termina agradeciendo a Dios por traer las buenas nuevas de Jesús a cada persona en tu grupo. Pide un corazón entendido y obediente para compartir con entusiasmo el evangelio con los demás en todo momento.

PARA COMENZAR

OPCIONES PARA EMPEZAR: Elige una de las opciones siguientes para empezar el diálogo grupal.

CITA DE LA SEMANA PARA INICIAR EL DIÁLOGO: «El evangelio es buenas noticias solamente si llega a tiempo», Carl F. H. Henry.

- ¿Cuál es tu respuesta inicial a la cita de esta semana?
- ¿Cuándo te has perdido algo emocionante porque no supiste al respecto o porque llegaste demasiado tarde? ¿Cómo te sentiste?
- Hoy veremos que Dios desea que todos escuchen el evangelio.

ACTIVIDAD CREATIVA: Como preparación, consigue una hoja de papel para todos en el grupo. Cuando todos hayan llegado, comiencen entregando las hojas y pidiendo a todos que transformen sus hojas de papel en algo que pueda volar por la habitación. Cuando pase un minuto, pide a las personas que (individual o simultáneamente) lancen su papel lejos de donde están sentados. Luego usa las siguientes preguntas y declaraciones para dar paso al diálogo grupal.

- ¿Cómo elegiste qué hacer con tu hoja de papel?
- ¿Logró tu diseño el propósito?
- Hoy veremos que Dios tiene un propósito específico al transformar la vida de las personas.

ENTIENDE EL CONTEXTO

PROPORCIONA EL TRASFONDO: Presenta brevemente a los miembros del grupo cualquier información o idea que les ayude a comprender Hechos 9 (ver pág. 47). Luego, para ayudarlos a conectar de manera personal el contexto de hoy con el contexto original, plantea las siguientes preguntas y declaraciones:

- ¿Por qué era importante para la audiencia original conocer historias de transformación radical? ¿Por qué la historia de Saulo, un judío devoto que respiraba «... amenazas y muerte contra los discípulos del Señor» era de particular importancia? ¿Por qué siguen siendo importantes estos relatos para los lectores en la actualidad?
- Ya sea de manera histórica o en noticias recientes, ¿cómo han actuado algunos cristianos equivocados en contra de la misión de Jesús de difundir el evangelio a todas las personas?
- Al comenzar el estudio de hoy, ora para que el Espíritu Santo te abra los ojos a las áreas de incomprensión, justicia propia o pecado a las que estás ciego.

EXPLORA EL TEXTO

LEE LA BIBLIA: Pide a un voluntario que lea en voz alta Hechos 9:3-9,15-20.

PARA DIALOGAR: Usa las siguientes preguntas para hablar de las reacciones iniciales de los miembros del grupo al texto:

- En los versículos 3-5, ¿por qué es importante que Jesús afirmara que Saulo lo estaba persiguiendo? ¿Por qué es importante que Jesús identificara a Saulo por su nombre? ¿Qué revelan estos hechos en cuanto a una relación con Jesús?
- En los versículos 6-9, ¿qué detalles enfatizan la naturaleza radical (y sin embargo personal) de la conversión?
- ¿Qué reveló la respuesta de Ananías al Señor a pesar de su temor a la reputación de Saulo (vv. 15-19)?
- ¿Qué versículos hablan del plan de Dios para la salvación individual? ¿Y del plan de Dios para todas las naciones?
- ¿Por qué era el padecimiento parte del mensaje para Saulo en el versículo 16?
- ¿Qué acciones específicas revelan un verdadero arrepentimiento y una transformación genuina en la vida de Saulo?
- ¿Qué revela este pasaje de la Escritura sobre el carácter de Dios? ¿Sobre las tendencias humanas naturales? ¿Sobre nuestra misión como cristianos?

NOTA: Proporciona bastante tiempo para que los miembros del grupo hagan preguntas y den sus respuestas sobre el texto. No te sientas presionado a priorizar el programa por encima de las experiencias personales de los miembros del grupo. Si el tiempo lo permite, hablen de las respuestas a las preguntas en la lectura personal.

OBEDECE EL TEXTO

RESPONDE: Fomenta un ambiente de sinceridad y acción. Ayuda a cada uno a aplicar la verdad bíblica en áreas específicas de pensamiento, actitud o conducta personal.

- En tu celo religioso, ¿de qué forma has despreciado alguna vez o actuado con odio hacia otras personas?
- Al igual que Saulo, ¿cuándo te has dado cuenta de que estabas equivocado sobre algo que una vez consideraste correcto ante los ojos de Dios?
- ¿Podría alguien afirmar que ciertas personas se sorprenderían al saber que tú eres cristiano actualmente? ¿Por qué se sorprenderían?
- ¿Cómo ha cambiado Jesús tu vida?
- Al igual que Ananías, ¿cómo puedes salir y alentar a alguien en su fe cristiana?

ORA: Termina orando por humildad ante Dios y ante otras personas. Pide que seamos personas abiertas para ser corregidas en aquello donde estamos equivocados o somos farisaicos. Agradece a Dios por Su gracia y por el poder transformador de Su Espíritu en la vida de todos en tu grupo y en todo el mundo.

PARA COMENZAR

OPCIONES PARA EMPEZAR: Elige una de las opciones siguientes para empezar el diálogo grupal.

CITA DE LA SEMANA PARA INICIAR EL DIÁLOGO: «Si quitas las misiones de la Biblia, no te quedará nada más que las cubiertas», Nina Gunter.

- ¿Cuál es tu respuesta inicial a la cita de esta semana?
- En tus propias palabras, ¿qué es la Biblia? ¿Por qué tenemos la Biblia?
- ¿Cómo le explicarías a alguien el mensaje de la Biblia?
- Hoy veremos por qué podemos afirmar que cada página de la Escritura cuenta una historia de cómo Dios busca, salva y aparta a las personas a medida que Él se da a conocer al mundo.

ACTIVIDAD CREATIVA: Como preparación, busca un marcador y un mapa del mundo (es posible que necesites imprimir un mapa). Señala el lugar más lejano al que hayas viajado. Cuando todos hayan llegado, comienza la sesión compartiendo brevemente una historia de dónde viajaste y por qué, resaltando la ubicación en tu mapa. Luego usa las siguientes preguntas para abrir el diálogo.

- ¿Qué es lo más lejos que has viajado? Resalta en el mapa cada lugar que los miembros identifiquen.
- ¿Por qué viajaste a este lugar?
- Hoy veremos cómo Dios continuó llevando las buenas nuevas de Jesús y la presencia poderosa del Espíritu Santo a nuevos lugares, a fin de incluir a todas las personas de todas las culturas.

ENTIENDE EL CONTEXTO

PROPORCIONA EL TRASFONDO: Presenta brevemente a los miembros del grupo cualquier información o idea que les ayude a comprender Hechos 10–12 (ver pág. 57). Luego, para ayudarlos a conectar de manera personal el contexto de hoy con el contexto original, plantea las siguientes preguntas y declaraciones.

- ¿Por qué era importante para la audiencia original ver una historia de prejuicios? ¿Por qué sigue siendo importante para los lectores en la actualidad?
- Al comenzar el estudio de hoy, presta atención a las excusas que justifican los prejuicios y a la forma en que estas fueron superadas.

EXPLORA EL TEXTO

LEE LA BIBLIA: Pide a dos voluntarios que lean Hechos 10:9-16,43-48.

PARA DIALOGAR: Usa las siguientes preguntas para hablar de las reacciones iniciales de los miembros del grupo al texto:

- ¿Qué detalles en los versículos 9-10 nos recuerdan que Pedro era un seguidor ordinario de

Cristo? ¿Por qué los detalles aparentemente triviales o rutinarios son importantes cuando aparecen en la Escritura?

- ¿De qué manera la visión en los versículos 11-16 simbolizó la ruptura, por parte de Dios, de las barreras, a fin de incluir a todas las culturas como iguales ante Sus ojos? ¿Qué reveló la respuesta de Pedro? ¿Qué reveló la respuesta de Dios?
- ¿En qué se parecen los versículos 44-48 a lo que estudiamos sobre el comienzo de la iglesia en Hechos 2:1-4,41? ¿Por qué Dios reveló nuevamente al Espíritu Santo de esta manera a estas personas?
- ¿Cuál es la importancia del bautismo en este pasaje? ¿En qué sentido está de acuerdo con el papel del bautismo en los otros textos que estudiamos en sesiones anteriores?
- ¿Cómo resumirías este texto? ¿Cómo resumirías el tema de Hechos 1–12?
- ¿Qué revela este pasaje de la Escritura sobre el carácter de Dios? ¿Sobre las tendencias humanas naturales? ¿Sobre nuestra misión como cristianos?

NOTA: Proporciona bastante tiempo para que los miembros del grupo hagan preguntas y den sus respuestas sobre el texto. No te sientas presionado a priorizar el programa por encima de las experiencias personales de los miembros del grupo. Si el tiempo lo permite, hablen de las respuestas a las preguntas en la lectura personal.

OBEDECE EL TEXTO

RESPONDE: Fomenta un ambiente de sinceridad y acción. Ayuda a cada uno a aplicar la verdad bíblica en áreas específicas de pensamiento, actitud o conducta personal.

- ¿Hay alguien en tu vida con quien, de manera intencional, no quieres compartir el evangelio? Si es así, ¿por qué?
- ¿Hay alguna persona (o grupo de personas) que piensas honestamente que nunca creerá en Jesús como Señor y Salvador? ¿Por qué no?
- ¿Cómo te alienta o te condena el texto de hoy en cuanto a tu actitud y acciones respecto a compartir el evangelio con otros?
- ¿Qué harás en respuesta a nuestro estudio de Hechos a fin de compartir el evangelio con todas las personas?

ORA: Termina agradeciendo a Dios por difundir el evangelio y dar Su Espíritu a todas las personas, incluyéndote a ti. Ora por convicción en tu corazón para compartir las buenas noticias de Jesús con tu familia, amigos y personas a tu alrededor; incluso en lugares que nunca has pensado. Pide disposición para ir a donde sea, hacer lo que sea y decir lo que sea que el Espíritu te pida por el bien de Su misión.

CONSEJOS PARA LIDERAR UN GRUPO

PREPÁRATE EN ORACIÓN

Prepárate para cada sesión de la siguiente manera:

- **repasando de antemano el material de la semana y las preguntas grupales;**
- **orando por cada persona del grupo.**

Pídele al Espíritu Santo que obre a través de ti y del diálogo grupal para ayudar a las personas a dar los pasos necesarios hacia Jesús cada semana, según enseña la Palabra de Dios.

MINIMIZA LAS DISTRACCIONES

Crea un ambiente cómodo. Si los miembros del grupo están incómodos, se distraerán y, por lo tanto, no participarán de la experiencia grupal. Planifica de antemano, tomando en cuenta:

- **los asientos;**
- **la temperatura;**
- **la iluminación;**
- **la comida o la bebida;**
- **el ruido de fondo;**
- **la limpieza general (si se reúnen en una casa, pon las mascotas en una habitación o lugar aparte).**

En el mejor de los casos, la consideración y la hospitalidad muestra a los miembros del grupo que son bienvenidos y que se les valora, dondequiera que decidan reunirse. En el peor de los casos, las personas quizás nunca noten tu esfuerzo, pero tampoco se distraerán. Haz todo lo que puedas para ayudarlas a concentrarse en lo más importante: conectarse con Dios, con la Biblia y con los demás.

INCLUYE A OTROS

Tu objetivo es fomentar una comunidad en la cual las personas se sientan aceptadas tal cual son, pero también alentadas a crecer espiritualmente. Debes estar siempre atento a las oportunidades para:

- **invitar** personas nuevas a unirse a tu grupo;
- **incluir** a todo el que visite el grupo.

Una manera económica de lograr que los que visitan por primera vez se sientan acogidos o de invitar a los demás a participar es darles sus propios ejemplares de este libro de estudio bíblico.

FOMENTA EL DIÁLOGO

Un buen grupo pequeño tiene las siguientes características:

- **Todos participan.** Anima a todos a hacer preguntas, a compartir sus respuestas o a leer en voz alta.
- **Nadie domina; ni siquiera el líder.** Asegúrate de que lo que tengas que comunicar no se pase del 50 % del tiempo que están juntos como grupo. De manera educada, redirige el debate si hay alguien que lo esté dominando.
- **A nadie se lo apura con las preguntas.** No creas que un momento de silencio es algo malo. A menudo, las personas necesitan pensar antes de responder preguntas que acaban de escuchar o necesitan armarse de valor para comunicar lo que Dios pone en sus corazones.
- **Las distintas perspectivas se afirman y se amplían.** Asegúrate de señalar algo verdadero o útil en cada respuesta. No sigas adelante porque sí. Construye conexiones personales mediante el seguimiento; pregunta cómo otros han experimentado cosas similares o cómo una verdad ha formado su comprensión de Dios y del pasaje bíblico que están estudiando. Es menos probable que las personas hablen si temen que, en realidad, no quieras escuchar sus respuestas, o que estás buscando solo una respuesta en particular.
- **Dios y Su Palabra son centrales.** Las opiniones y las experiencias pueden ayudar, pero Dios nos ha dado la verdad. Confía en la Escritura como la autoridad y en el Espíritu de Dios para que obre en la vida de las personas. Tú no podrás cambiarles la vida, pero Dios sí puede. No te canses de llevarlas hacia la Palabra y de ayudarles a dar pasos de fe.

SIGUE EN CONTACTO

Piensa en maneras de seguir en contacto con los miembros del grupo durante la semana. La participación durante la sesión siempre mejora cuando hay comunicación entre los miembros del grupo en otro momento. Mientras más cómodas se sientan las personas entre ellas, y más se relacionen entre sí, más querrán estar juntas. Cuando las personas pasan de ser amistosas y estar en el mismo grupo a ser verdaderos amigos que forman una comunidad, acuden a cada sesión ansiosas de participar, en lugar de simplemente asistir.

Anima a los miembros del grupo con ideas, compromisos o preguntas de la sesión, al conectarte mediante:

- **correos electrónicos;**
- **mensajes de texto;**
- **redes sociales.**

Siempre que sea posible, construye amistades más profundas. Puedes planear o invitar en forma espontánea a los miembros del grupo a acompañarte fuera del tiempo designado para reunirse, para compartir:

- **comidas;**
- **actividades divertidas;**
- **proyectos en la casa, la iglesia o la comunidad.**

INFORMACIÓN DE CONTACTO DEL GRUPO

Nombre ______________________ Número ______________________
Correo electrónico ____

Nombre ______________________ Número ______________________
Correo electrónico ____

Nombre ______________________ Número ______________________
Correo electrónico ____

Nombre ______________________ Número ______________________
Correo electrónico ____

Nombre ______________________ Número ______________________
Correo electrónico ____

Nombre ______________________ Número ______________________
Correo electrónico ____

Nombre ______________________ Número ______________________
Correo electrónico ____

Nombre ______________________ Número ______________________
Correo electrónico ____

Nombre ______________________ Número ______________________
Correo electrónico ____

Nombre ______________________ Número ______________________
Correo electrónico ____

Nombre ______________________ Número ______________________
Correo electrónico ____